行政法理の研究

岡田春男 著

大学教育出版

はしがき

本書は、行政をめぐる訴訟の研究として公表した論稿の中から行政法の理論の形成ないし解明に関連したものを取りまとめ、「行政法理の研究」の名の下に四部全九章に構成したものである。本書所収の論稿のうち、各部第一章のものは極力原型を維持し、第二章以下のものについては、重複の記述のあるところを削除加筆して整合を図り、書き下ろしの第三部第二章を別として、初出については各章末にこれを記した。

本書の内容について簡単に述べる。

第Ⅰ部「行政における第一次判断権の理論」は、いわゆる司法権の限界に関するものである。第一章「無名抗告訴訟に関する一考察」は、裁判所による行政府の活動に対する事前規制を否定する論拠として提示された行政庁の第一次判断権について、その由来と意義を明らかにし、それが行政処分の発動を求める義務づけ訴訟ないし不利益処分の差止めを求める予防的訴訟の障害となるものではないことを論じたものであり、第二章「行政事件における予防的確認訴訟—ドイツの理論を中心として—」では、第一章の所説を梃入れするために、ドイツにおける同様の論争について述べる。

第Ⅱ部では、特定の行政目的を達成する過程において複数の行政行為が段階的になされた場合に、それ自体瑕疵のない行政行為が先行する行為の瑕疵を承継して瑕疵ある行政行為とされるという「違法性承継の理論」について論じる。第一章「行政行為における違法性の承継」では、出訴事項が制限列挙された行政裁判制度の下で生成した違法性承継の理論をその沿革から説き起こし、行政行為の公定力概念の変化に連動した違法性承継の原則的遮断とその例外という新承継理論の有意義性を明らかにする。第二章「事業認定と収用委員会の収用裁決」は、出訴期間を徒過して公益事業の事業認定を不可争たらしめた者が後続の収用委員会の収用裁決の取消訴訟において、事業認定の違法を主張して後続の収用裁決の取消しを求めることができるかについて論じるもので、第一章を敷衍するものである。第三章「ドイツにおける行政行為の再審手続—違法性の承継との関連において—」では、不可争の行政処分の再審査手続が行政手続の法制度で採用されていないことを前提に、違法性承継の理論がそれを補完する機能をも有することに着目し、ドイツにおける行政行為の再審査の手続を紹介する。

第Ⅲ部「行政上の義務の司法的執行論」は、行政上の義務が私人において履行されない場合の国または地方公共団体による裁判の利用すなわち司法的執行について論じるものである。第一章「行政処分の履行強制」では、行政上の義務の司法的執行の必要と可能性を、行政の側の実体権の相違から、還元型司法的強制と直截型司法的強制とに分けて論じ、その将来を展望する。第二章「行政上の義務の司法的執行」では、建築規制条例をめぐる訴訟を素材にして、行政上の義務の司法的執行を否定する最高裁平成一四年判決を俎上に載せ、直截型司法的強制の可能性を再検討し、行政の側の義務の履行請求権について論じる。

第Ⅳ部「一般排他性の原則」では、法が特定の行政上の事項処理に特別の手続なり手段を設けている場合に、他の方法ないし手段による当該事項の処理が許されるかについて論じる。第一章「行政における一般排他性の原則」では、いわゆる市川市長接待費住民訴訟事件における最高裁昭和六一年判決を素材にして、右の問題提起を行い、一般排他性の原則を交通整理のための法理として提言する。第二章「怠る事実に係る住民監査請求の期間」では、住民訴訟が住民監査請求前置であることに鑑み、第一章の補章の意味で、怠る事実に係る住民監査請求の期間に関して示された三様の最高裁判決の整合性を明らかにする。

本書出版を機会に、お世話になった方にお礼を申し上げたい。お亡くなりになったが足立忠夫先生には関西学院大学法学研究科への進学の道を開いていただいた。大学院では、広岡隆先生にご指導をいただき、その後も大層お世話になり、慈しみを受けた。関西学院大学で両先生に初めてお会いしてから、長い月日が流れた。かれを思い、これを思うとき、感謝の思いが胸いっぱいに満ちる。

最後に、本書の出版を快くお引き受け下さった大学教育出版社長佐藤守氏、何かとお世話をいただいた編集部の安田愛さんに厚くお礼を申し上げます。

平成二〇年一〇月

岡田　春男

行政法理の研究　目次

Ⅰ　行政における第一次判断権の理論

第一章　無名抗告訴訟に関する一考察

一　問題の提起

第二次大戦後、わが国においては行政裁判所が廃止されて、具体的な法律的紛争である限り、公法上の事項たると私法上の事項たるとを問わず、その一切について司法裁判所が裁判権を有することとなった。その後「平野事件」[1]を契機に行政事件訴訟の特殊性が考慮され、民事訴訟法の特別法として、行政事件訴訟特例法（昭二三法八一、以下行特法という）が制定実施された。さらに、この法律の不備欠陥を除去するために、行政事件訴訟法（昭三七法一三九、以下行訴法という）が制定され現在に至っている。

行特法は、制定当時において必要最小限度のことだけを定め、あとは判例の集積を待つという態度でつくられた。[2]そこで、行特法第一条に掲げる「行政庁の違法な処分の取消又は変更に係る訴訟」および「その他公法上の権利関係に関する訴訟」として具体的にいかなる訴訟が許されるかということが、三権分立主義の下における司法権の本質との関連において問題とされた。もっとも、行特法の立案関係者たちは、行政処分を訴求する給付訴訟およびその積極的変更訴訟については、これを認めないという見解を一致して表明していた。[3]

さて、昭和三七年に制定された行訴法はこの問題を全面的に解決したわけではなく、その三条一項で、この法律において「抗告訴訟」とは、行政庁の公権力の行使に関する不服の訴訟をいうと規定し、二項以下に抗告訴訟として四種の類型（以下法定抗告訴訟と総称する）[4]を掲げるにとどまった。しかし、それ以外に一項の抗告訴訟に属するものとしていろいろなものが考えられるのであって、[5]どのような訴えがいわゆる無名抗告訴訟として許されるべきものであるかは、判例学説の発展に委ねられた。[6]そういうわけで、無名抗告訴訟の問題は第二次大戦後から現在に至るまで連綿と続いている。[7]

本章はこの無名抗告訴訟の許容性について考察するものである。ところで、この行政法学上の難問題については、すでに多くの論説が発表されている。そこでも、行訴法が無名抗告訴訟という訴訟形式を否定していないことは、一般に認められている。[8]しかし、それがどのような範囲と形態において認められるかについては定説がない。

ここでは、無名抗告訴訟として考えられ得る訴訟形式のうち、行政庁が公権力を行使する事前の段階において、行政庁の権限の行使に制約を加えるものを扱うことにする。したがって、本章で無名抗告訴訟というときは、義務づけ訴訟、予防的不作為訴訟[9]および実質上それらと同じ効果をもつと考えられる公義務確認訴訟を指すものとする。さらに、義務づけ訴訟を行政庁に対し一定の行政行為の発動を命ずる給付判決を求める訴えとして、また予防的不作為訴訟を行政庁に対し一定の行政行為の発動の禁止を命ずる判決を求める訴えと理解する。そして、行政庁の一定の公法上の作為義務または不作為義務を確認する旨の判決を求める訴えを公義務確認訴訟と呼ぶことにする。[10]

ところで、原田教授は、事前訴訟としての無名抗告訴訟の可否とその範囲をめぐる問題は、訴訟法の次元では理念的にはいちおう解決済みであるという理解に立って、[11]今後の行政法学においては、国民各個が行政の公権力行為に対峙してどのような権能を有するかを究明し、公権力の発動を求める国民の積極的請求権の存否ならびにその範囲を国民意識と社会的行動様式に照らして実体法上に明確に位置づけることが重要なテーマとされるべきであると提言される。[12]無名抗告訴訟（とりわけ義務づけ訴訟と予防的不作為訴訟）の許容性を国民の実体法上の給付請求権に係らしめるということは、行特法下においても、浅賀判事が指摘されていたところである。[13]しかし、判事が国民の処分請求権を消極的に捉えられたのに対し、[14]原田教授が、秩序維持行政の領域における西ドイツ義務づけ訴訟の成果を踏まえて、[15]積極的に右の提言をなされたのは注目される。ちなみに、西ドイツにおいては、予防的不作為訴訟の許容性は国民の不作為請求権の存否如何に係らしめられているのであり、[16]今後わが国においても、無名抗告訴訟の問題が訴訟法の次元から実体的権利の存否をめぐって議論されることは十分予測できる。

しかし、無名抗告訴訟の導入を図るについて、訴訟法的法理の形成は、今日十分になされているといえるであろうか。

西ドイツにおいては、予防的不作為訴訟は、最初、行政訴訟法規に明定されていない、[17]権力分立に反する、[18]あるいは、民事訴訟と異なって行政訴訟には変更訴訟（Abänderungsklage）が存在しない[19]といった論拠で拒否されたのである。かかる論拠が論難された後に、今日では、その許容性は不作為請求権という実体的権利の存在如何に係らしめられている。しかも、西ドイツでは、制定法（Verwaltungsgerichtsordnung vom 21. Janur1960）に明定された義務づけ訴訟の存在が予防的不作為訴訟を認めようとする説の理論構成に大いに役立ったのである。[20]これらの事実を考慮すれば、法律に義務づけ訴訟が明定されていないわが国において、無名抗告訴訟の問題を訴訟法上は解決済みとして、西ドイツと同次元において、直ちに実体的請求権について論ずることに若干の危惧を抱かないわけにはいかない。

さらに、無名抗告訴訟に関する文献では、行政庁の第一次判断権[21]ということがよく言われる。消極説は、義務づけ訴訟ならびに予防的不作為訴訟が行政庁に留保された第一次判断権を侵すことになるから、これらの訴えが許されないとする。右の行政庁の第一次判断権の尊重が無名抗告訴訟を否定する重要な論拠の一つである。原田教授によって引用せられた[22]山内判事の論文では、「四　行政庁の第一次判断権論の克服」となっていて[23]、この問題が克服されたかのごとくであるが、単にそこでは、同じ法廷構成によってなされた東京地方裁判所の二つの判例[24]が掲げられているだけであって、到底この問題が克服されたとか解決済みとかいうわけにはいかない。もし、右の程度において解決済みというならば、我々は右両判決を待つまでもなく、昭和二四年三月五日の旭川地裁判決[25]にまで遡ることができる。なぜなら山内判事引用の両判決は、右旭川地裁判決を超えるものではないからである。余談であるが、この判決の理由中に盛られた趣旨が活かされないで、兼子博士の発言[26]に端を発する消極説によって、第二次大戦後のわが国における行政事件訴訟の方向が定められたのは残念である。もっとも、これは、行特法の立案者たちも、行政処分を訴求する給付訴訟およびその積極的変更訴訟については、これを認めないという見解を一致して表明していたので、当時の一般的傾向であったといえる[27]。

初期において、無名抗告訴訟を拒否する論拠の中心は、裁判の本質は判断作用であり、裁判所が行政庁に作為・不作為を命じまたは行政庁に代わってその権限を行使するに等しい裁判をすることは、判断作用の域を越えるものであって、三権分立の原則上許され得ない、ということであった。こういった考えは、昭和三〇年に至るまで、無名抗告訴訟の形式による行政の事前規制を司法とは異質なものとしてその領域から締め出していた。しかし、今日では、無名抗告訴訟の許容性については、これを認める裁判例が多く出ている。

けれども、右の裁判例の基礎にある考え方は十分満足のいくものではない。察するに、この理由に二つある。一つは、行訴法における行政事件の裁判の権利保護体系の内部に無名抗告訴訟を構築することに、まだ必ずしも成功していないということである。今一つは、権利保護の必要に極めて厳格な要件が要求されているために、義務づけ訴訟および予防的不作為訴訟による権利保護を空洞化する結果になっているか、あるいは、これらの訴えが適法とされても、いわゆる処分請求権あるいは不作為請求権が欠けているがために棄却されるおそれが多分にあるということである。それ故に、我々が無名抗告訴訟の問題を論ずるときに実体的請求権に関する考察を軽視すれば、訴訟法上の改良の成果が他面において国民の実体法上の地位との関連において減殺され、行政の事前規制において国民の手に入る保護手段は効果のないものとなるであろう。この意味において、原田教授の先の提言には重大な意義が含まれているのであり、行政法における公権論に関する教授の研究成果は注目されてよい[28]。

本章では、右の問題については深く立ち入らず、無名抗告訴訟の諸問題のうち、特に行政庁の第一次判断権論に重点をおいて考察することにする。

二　判例の展開

第一次判断権を考察する前に、無名抗告訴訟に関する戦後の判例の傾向を簡単にみることにしよう。判例の態度を概説すれば、それは学説と密接に関連しながら変遷したのであるが、ほぼ三期に分けることができる。第一期は昭和二三年から二九年まで、第二期は昭和三〇年から三五年まで、第三期は昭和三六年から現在までである。

第一期においては、学説においていわゆる司法権の限界論が形成された。兼子博士は、昭和二三年三月の最高裁判所主催の民事裁判官会同において、司法の本質は判断作用であることを強調せられ、行特法に変更とは一部取消しをいうとされ、積極的な行為の変更はこれを許されないとされた。[29]判例は基本的に博士のこの考え方に従った。例えば、同年の徳島地裁[30]および鹿児島地裁[31]の判決にそれが認められる。司法は判断作用であるから、行政庁に作為不作為を命ずることは判断作用の域を越えるものであって三権分立の原則上許されない、ということから無名抗告訴訟が拒否されたのである。翌二四年には、変更は一部取消しでないという判例[32]および予防的不作為訴訟を許容する判例[33]が現れたが、田中博士が兼子説に続いて消極説の論陣を張られるにおよんで、[34]判例の傾向は消極的なものに定まった。

しかし、司法は判断作用だから行政庁に作為不作為を命ずる給付判決はできないということは、一部学説[35]によって痛烈に批判された。特に、昭和二九年に、法律上の争訟をいうときに、宣言的判決をなし得るためのジャスティシャビィリティの基準法則を当てはめたと窺える浅賀判事の論説、[36]さらに憲法三二条の国民の裁判を受ける権利を初めて引き合いに出して、三権分立の固有の趣旨との関連で給付判決の許容性を主張せられた大西教授の論説、[37]また公義務確認訴訟の許容性を争いの成熟に係らしめる白石判事の論説[38]が続出するに至って、第一期の消極説の論拠はその説得力を失ったのである。

第二期は、司法は判断作用であるということを前面に押し出した三権分立論を建前とする消極説の論拠が説得力を失ったために、昭和三〇年五月の東京地裁の中間判決[39]を皮切りに、公義務確認訴訟を許容する判決が続出した時期であって、横浜地裁[40]に至っては、裁判所は自由裁量の分野に立ち入らない限り、事前審査が許されると考える。この時期においては、第一次判断権論はまだはっきりと現れていないけれども、消極説は、裁判所は行政庁に留保された第一次判断権を一般に奪う形で行政に関与できない、という理論形成を漸次完成しつつあった。

第三期に入って、行政庁に留保された第一次判断権は、行政事件訴訟における司法審査の可否を決定づける要素として明確に把握されている。すなわち、行政庁の第一次判断より先か後かによって、行政事件訴訟における裁判所の審査が事前であるか事後であるかを区別し、行政事件の事前審査は行政庁の第一次判断権を奪うことになるから権力分立の建前上許されない、という。

この第一次判断権留保の理論は、実質上権力分立論の焼直しにほかならないと思われる。もっとも、司法は判断作用であって、行政庁に作為不作為を命ずることは権力分立に反するという第一期の消極説の論拠においては、司法が判断作用であるという前提が例外を許さないものであったために、作為不作為を命ずる判決も、また例外なしに否定された。しかし、第三期における理論構成では、第一次判断権の留保は必ずしも絶対的なものではなく、それが無意味不合理と思われる場合も考えられるのであって、その場合は公義務確認訴訟および義務づけ訴訟が許容される可能性が内包されていたといえる。したがって、判例の多数が、公義務確認訴訟および義務づけ訴訟は特定要件の下で許容されるとしたのもいわば必然的な成行きであったといえる。

たとえば、第三期初頭に、東京地裁は、[11]「制度上行政権に第一次的に与えられている行政処分をするかしないかの判断権がその行使前に司法権の判断に制約される結果となるという意味において」、公義務確認訴訟は「原則的には許されないものと解しなければならない」とした。しかしながら、例外的に、「行政庁が当該行政処分をなすべきこと、又はなすべからざることが法律上羈束されており、行政庁に自由裁量の余地が全く残されていないために第一次的な判断権を行政庁に留保することが必ずしも重要ではないと認められる場合であって、しかも事前審査を認めないことによる損害が大きく事前の救済の必要が顕著である場合」に限って、それが許容される旨判示した。裁判所は、今日、ほぼ右判例の方向を志向している。

行政庁が不行為である場合、東京地裁[42]は、原告が行政庁の農地売払い義務の確認を求めたのに対して、「行政庁が一定の行為をすべきことが法律上羈束されていて、国民により求められている行為をすべきかどうかについての行政庁の一次的判断を重視する必要がない程度に明白で、かつ事前的な司法審査によらなければ国民の権利救済が得られず回復し難い損害が生ずるというような緊急の必要性が認められる場合」に、例外的に裁判所は事前審査をなし得る旨判示した。

また、行政庁の処分が迫っている場合には、東京地裁[43]は、原告が行政庁の処分権限不存在の確認を求めたのに対して、「当該行政庁においてその処分をなす権限を有しないことが行政庁の一次的な判断を待つまでもなく明白であり、しかも右行政庁がその有しないことの明らかな権限を有するものとして行使して処分をすることが差し迫っているため事前に裁判所の判断を求めるのでなければ国民の権利救済が全うされず回復しがたい損害を避ける緊急の必要性が肯認されるような場合」には、例外的に事前審査が許される旨判示した。

右に引用した判例は、ともに位野木判事を中心とするグループ[44]によるものであるが、行政庁の第一次判断権が実質的に侵されず、原告の回復困難な損害を避ける緊急必要性が存在する場合に限定して、事前審査が許されるとしている。そこでは、無名抗告訴訟は原則として認められないのであって、法定抗告訴訟に対する例外的補充的なものとして、ただ特殊例外的に許容されている。右判例の態度と異なって、同じ東京地裁の白石判事を中心とするグループは、昭和三七年から三九年にかけて、無名抗告訴訟を法定抗告訴訟と並列的に捉えた。[45]そして、差し迫った処分に対抗すべく提起される訴えについては、原告の回復困難な損害回避を要件としたけれども、[46]行政庁の不作為に対して提起される訴えについては、行政庁の作為義務の内容が一義的に明白である場合には、裁判所は、行政庁に一定の行為をなすべき義務があることを判断し、主文にもその旨を宣言することができるというだけで、損害回避の緊急必要性の要件がはずされているのは注目される。[47]

簡単に第二次大戦後の無名抗告訴訟をめぐる判例の傾向に触れた。今日、無名抗告訴訟の一般的許容性は、行政庁に第一次判断権が留保されていることを前提としながら、行政庁の処分の内容が法律上一義的に確定している場合には、右の第一次判断権を尊重する必要がないという形で主張される。けれども、行政庁の第一次判断権の内容は、その用語が使用されるわりには、定かではない。

三　第一次判断権論の沿革

いわゆる第一次判断権論は、それを集約すれば次のように理解することができる。「行政に関する第一次判断権は、行政権のために留保されなければならない[48]」。「司法権は、行政権の第一次的判断権を尊重すべきであって、不作為そのものの違法確認はともかく、司法権が行政権に代わって判断を下し又は行政権に対し具体的な特定の処分を義務づけることは、行政権に不当に介入するものとの非難を免れず」、「これらの訴訟形態は、原則的に否定されるべきであろう[49]」。

この行政庁の第一次判断権論は、その萌芽ともいうべきものを古く昭和二四年に求めることができる。最高裁判所事務総局行政局は、行政裁判資料第七号で「英米法における宣言的判決」を紹介するにあたって、その序言において、「裁判所が行政庁に対して積極的にある行為を命ずることは行政庁のイニシアティヴを奪うことになるから、三権分立の建前から許されないというのが従来の見解である。この見解は、一般的命題としてはおそらく是認されなければならないであろう。しかし、例えばその作為義務が明確に特定され、その遂行について何ら裁量の余地がない場合には、当該行政庁に対して一定の行為を命ずることが果たして行政庁のイニシアティヴを奪うことになるかどうか大きな疑問であろう」と述べた[50]。イニシアティヴを第一次判断権に置き換えれば、右に引用した第一文は消極説の第一次判断権論であり、第三文にある要件が、積極説が第一次判断権を尊重しなくともよいとする場合の要件に合致するのである。こういった考えは、当時広く知られるところとはならなかったようである。判例も盛岡地裁昭和二四年七月一二日判決[51]にみられるように特別に理由を付すまでもなく義務づけ訴訟を不適法としている。

ついで同年、田中博士は、裁判権の限界について論じられたときに、「行政庁に対し一定の行政処分をなすべき旨の給付判決をしたりすることは許されない」とされたのであるが、その機会に「具体的に処分をなすや否やは権限ある行政庁がその処分をなすときの具体的諸条件を考慮して決すべき問題で、三権分立の趣旨からいって、これは行政権の判断に専属するものといわねばならぬ」と主張された[52]。行政処分をなすか否かは行政の専属事項であると、ただ極めて簡単に断定されたので田中博士の真意の程は判らないが、行政庁の権限行使のない段階で裁判所が行政庁に行為を命ずるのは、行政権の判断に専属する事項に司法権が不当に干渉するというのであれば、右に引用した田中博士にも、すでに第一次判断権論の萌芽が認められる。これを、便宜的に第一次判断権論と区別して、行政の専属事項論と呼ぶ。

翌昭和二五年初頭に、義務づけ訴訟を不適法として却下した判例に、田中博士の影響が認められる。すなわち、金沢地裁は[53]、「行政権を一般に行使するか否かあるいは如何に行使するか等は専ら行政機関に委された事項であって、裁判所は唯その行使された結果について司法的保障機能の建前上具体的な法適用の判断を為し、その行政処分の適法違法あるいはその公法上の権利関係を確定するにすぎない」と判示した。ところで、行政処分をなすか否かは専ら行政機関に委された事項であるというのであるが、その意味は右判例からは判然としない。その点で、同じ年の東京地裁は極めて明白である。すなわち、東京地裁は、[54]「行政庁に対して積極的に行政処分をなすべきことを求める訴」は不適法であると判示したのであるが、その理由は「行政処分をなすと否とは行政庁の裁量に属することであって、裁判所がこれに介入することは許されぬところであるから、原告はかような訴を提起する法律上の利益を有しない」ということであった。しかし、例外なしに、たとえば行政庁のなすべきことが一義的に確定されているようなケースも一切合切含めて、一般的に行政処分をなすか否かは行政庁の裁量に属するのだと果たして言い切れるものかどうか大いに疑問である。

右の行政の専属事項論は、裁判所が行政庁に給付を命ずること自体が判断作用としての司法の本質と矛盾するという理由で、判例が給付判決を否定していた第一期に散見されるのであるが、単独で給付判決を否定し去るほどの説得力をもった主要な論拠とはなり得なかった。しかし、後の第一次判断権論を受け入れる土壌は既にこの時期にあったということができる。

行政処分をなすか否かは行政に専属する事項であって行政庁の裁量に属するというだけの行政の専属事項論と異なって、新たな行政処分についての行政庁のイニシアティヴを侵すような裁判をすることは許されないとしたおそらく唯一の判例が昭和二六年の大阪地裁判決[55]である。大阪地裁は、「裁判所は行政機関をおかしてはならない。その行政処分についてはそのイニシアティヴは原則として行政機関に専属し、あくまで尊重されねばならない。そのイニシアティヴを奪うような裁判をしない点に司法権の行政権に対する限界線が画されているものと考える」と判示した。この判示は、無名抗告訴訟を否定する論拠としては、単に処分をなすや否やは行政庁の専属事項であるという先の説明よりも、やや詳しいものであって、第一次判断権論の原型ということができる。

ところで、右判例は、さらに「既存の行政処分の効力を法律的に判断する過程において新たになすべき行政処分の内容が当然確定されうるような場合でも、その行政庁の行政処分についてのイニシアティヴをおかすような判断を裁判をもって示すことはできない」というのであるが、これがどうもわからない。右判例で「行政処分についてのイニシアティヴをおかす」といわれているのは、行政処分取消請求事件において、新たな処分の内容が確定されうる場合であっても、仮に裁判所によって行政庁がその処分を命ぜられるとしたら、行政庁はその処分について一応の考慮をなす機会が奪われるという意味なのであろうか。もしそうであれば、右判例は行政庁のイニシアティヴを的確に把握しているといいたい。しかし、処分の取消変更請求事件においては、行政庁は、一旦、処分をなしているのだから、行政庁が独自に考慮をなす機会が奪われたとはいえないであろう。それ故に、右判例が、処分取消変更請求事件において新たな処分の内容が確定されうる場合でも、裁判所は行政庁のイニシアティヴを侵すような判断をなし得ないとするのは理解に苦しむ。それとも、右判例が「行政処分についてはそのイニシアティヴは原則として行政機関に専属」するというときに、そこでは、例外としていかなる場合も想定されていなかったということなのであろうか。いずれにしろ我々は右判例から何ら答えを引き出すことはできない。ともかく、給付判決は行政庁のイニシアティヴを侵すということだけが強調していわれるのみで、権力分立主義の下で司法が侵してはならない行政のイニシアティヴの内容はそこでは判然と理解されていないのであり、このことは今日いわれる第一次判断権にも妥当する。

ともかく、昭和二八年に、田上教授が、「法規裁量の処分についても行政庁のイニシアティヴを尊重する必要があり、かかる処分を行うにつき給付訴訟を提起することが権力分立に反するのである」[56]とされたのを最後に、行政庁のイニシアティヴという言葉は無名抗告訴訟に関する判例学説においてみられなくなった。

昭和二九年に白石判事は、争いの成熟の度合いが訴訟に適するかどうかに公義務確認訴訟の成否を係らしめ、「一般的にいえば、行政庁の第一次的認定を経ることが争いを成熟せしめる上において合理的意味をもち得ないと考えられる場合――従って、概していえば、事実に関しては当事者間に争いがなく専ら法の解釈適用につき争いがあり、この点に対する判断によって争いが解決されるというような場合には、事前の出訴も認めることをちゅうちょする理由はとぼしい」と主張された。[57]判事は、行政作用の事前規制が可能とされる要件について詳細に検討されたのであるが、それを集約すれば、処分庁の第一次判断を経ることが争いを成熟せしめる上においてほとんど何の意味ももち得ず、第一次判断を経ることがもはや無意味かつ不合理と認められる場合である。白石判事の指摘は、英米における宣言的判決を熟知しかつ公義務確認訴訟の許容性を示唆してきた最高裁事務総局行政局、[58]ならびに、ジャスティシャビィリティ[59]の基準法則の一つである争いの成熟を裁判所が管轄できるところの「一切の法律上の争訟」（裁判所法第三条）の概念規定に採りこんでいた浅賀判事[60]にとっては自明のことであったろうが、消極説に対する批判的見解としてはその一応の到達点を示すものとして、評価されている。[61]

白石判事は争いが成熟していれば司法介入が許されると考えられるのであるが、判事によれば、行政庁の第一次判断は、権利保護の資格が肯定されるか否定されるかの判断基準の一つの意味にしか捉えられていないのであって、第一次判断以前に争いの成熟を肯定するに足る要件が備われば事前審査が許容されるのである。それを、白石判事は、第一次判断を経ることが争いを成熟せしめる上でもはや無意味かつ不合理と認められる場合と、極めて抽象的に言われるのであるが、そのことは白石判事の後の論説よりすれば、「行政庁の具体的権限の存否が法令上一義的に明白であって裁判所が事後審査の態度をとることがその合目的的意義からみて無意味と思われるような場合[62]」である。また、その判決文（昭和三七年）よりすれば、「行政庁に一定の作為義務のあることが一義的に明白であり、この義務の存否の認定につき行政庁に第一次的判断権を留保することが明らかに無意味、不合理と認められる場合[63]」なのであるからして、約言して、処分の内容が法律上一義的に明白であるということであろうか。

もしそうであれば、白石判事のいわれる争いの成熟は、行政訴訟における事前審査との関連においては二通りの意義を有することになる。一つはいわゆる英米流の maturity of controversy or ripeness of issue であり、また一つは西ドイツ流の Richterspruchreife oder Spruchrichterreife[64] である。この混淆は義務づけ訴訟の一般的許容性を論じるにあたって大いに関わりをもっている。実際上、裁判所は ripeness of issue が存在しないときは訴えを却下しなければならないが、Spruchreife の存在しないときは棄却すればよいのであって、事実は、判例学説において、spruchreif していないことを理由に無名抗告訴訟の一般的許容性が否定された、換言すれば訴えが却下されてきたということに無名抗告訴訟の問題の難解さがあったといえる。まさに「争いの成熟」においても右の二つの意味が含まれていたために、後になっても、積極説は消極説に対して義務づけ訴訟の許容性を論じるにあたって、訴えが適法であることの主張と同時に訴訟の過程においておそらく初めて明らかになってくるであろう Spruchreife を、つまり請求が認容されることを、またその要件を模索して提示しなければならなかったのである。

ところで行政庁の第一次的認定および第一次判断という用語が少なくとも無名抗告訴訟に関する文献、判例に現れたのは白石判事を嚆矢とするが、白石判事はこの時期に第一次判断をなす権利が行政庁に留保されているといわれたわけでなく、また第一次的判断権なる概念も想定しておられなかったようである。[65]

昭和三二年に雄川教授は、田上教授の行政庁のイニシアティヴ論と、おそらくは田中博士の行政の専属事項論をも基本的に踏まえて、行政庁の第一次判断権の理論を整備せられた。すなわち雄川教授は、「行政行為が行政権の権限に属せしめられているということは行政行為をなすかなさざるかを一応は行政的判断の結果によらしめることを意味するものであって、その場合に行政権に自由裁量が認められず法律上覊束されているときでも、行政行為に関する法律要件の存否の認定とそれに基づく行為又は不行為の決定をまず行政権が行うべきものと考えられ、従って、問題は自由裁量が認められる場合とそうでない場合とで本質的に異なるものではない[66]」、と主張された。

右の考え方は、昭和三三年の、無名抗告訴訟を「第一次的判断を要求する訴」として捉え、争いの成熟の認められる場合には宣言的判決が許容されるとした大阪地裁判決[67]を経て、昭和三六年の東京地裁判決[68]において判例で初めて、第一次判断はその行使については行政庁に留保せられた権利である、という意味で把握された。もっとも右東京地裁は、「行政庁が当該行政処分をなすべきこと、又はなすべからざることが法律上覊束されており、行政庁に自由裁量の余地がまったく残されていないために第一次的な判断権を行政庁に留保することが必ずしも重大ではないと認められる場合」には、例外的に事前審査を認めていた。

これより後、行政庁の第一次判断権という用語は判例、学説において随所にみられるのであるが、そこでいわれる第一次判断権の内容は決して判然としているわけではなくて、それを正確に理解することは必ずしも容易ではない。

四　第一次判断権論と消極説

過去の学説に関しては、これを詳細に検討された今村教授のすぐれた論説[69]がある。その後、公にされた無名抗告訴訟に関する論説の中で、村上教授の主張は従前のものに比して特異なものであり、本書が行政庁の第一次判断権に焦点を合わせているといっても、これを看過することはできない。

村上教授は、「公法関係あるいは権力関係といわれる領域においては、行政権がまず措定されていて行政法はその権力の発動の仕方を規制する法なのか、あるいは行政作用もしくは行政行為は法律があって初めて、すなわち法によって創設された権限の行使なのか」、という問題を提起されて[70]、消極説（田中説）のこの問題に対する基本的認識は、前者すなわち「行政権もしくは公権力がまず措定されていて、ただその発動は法によって規制される」と理解しておられる[71]。そして、かかる基本的認識よりすれば、消極説が無名抗告訴訟を原則的に否定するのはけだし当然であって、その意味で「所謂無名抗告訴訟の可否の問題は、この行政ならびに行政法に関する基本認識をどのように持つかに係わるところ大である」といわれる[72]。

ところで、右の基本的認識の相違は果たして村上教授がいわれる程度に無名抗告訴訟の許容性について重大な関わりをもっているであろうか。

村上教授が前述のことを指摘される以前に、田中博士は、義務づけ訴訟については従前どおりにこれを認められないのであるが、宣言的判決を求める訴えについてはこれを容認される態度を示しておられる[73]。このことを村上教授はどのように理解されるのであろうか。教授によってなされた消極説の分析の結論が、「それ（公権力—

岡田）が発動された後においてのみ、法治国家原理から、その発動された公権力が法律に適合するかどうかが審査されうるのである」[74]ということであれば、我々は、田中博士がいわゆる宣言的判決を求める訴えを容認されようとする態度が理解できないのである。なぜなら、村上教授の理解によれば、公法関係あるいは権力関係に関する田中博士の基本的認識からは、当然な論理的帰結として、いわゆる宣言的判決を求める訴えは許容されない筈だからである。この場合に我々は、田中博士が博士自身の基本的認識と論理的に矛盾して、しかもそれを看過されたのであると解すべきではない。

田中博士が義務づけ訴訟を許容されないとされる理由は、博士の基本的認識が村上教授の分析通りであるにしても、「行政に関する第一次的判断権は、行政権のために留保されなければならない」[75]ということである。田中博士においては、行政庁の第一次判断権の尊重が無名抗告訴訟の許容性に大いに関わりあっている。村上教授が田中博士の基本的認識と対比せられる杉村教授のそれからしても[76]、行政庁に第一次的管轄権が留保されねばならないとされる[77]。それゆえに、村上教授のように、「行政ならびに行政法に関する基本認識」に無名抗告訴訟の可否を係らしめるということは疑問に思われる。もっとも、杉村教授は「申請に対する行政庁の不作為について法的紛争が存し原告に訴の利益が存する以上、裁判所は、これらの訴訟提起を不適法として却下することなく、司法事件として審理し、国民の権利救済をはかるべきである」[78]とされるのであるから、この主張が村上教授のいわれる基本的認識からくるものであれば、村上教授の無名抗告訴訟の問題に対する基本的認識からのアプローチとその分析は、消極説に対して反省を促すものとして、高く評価されねばならない。しかし、消極説に基本的認識の相違を突きつけただけでは問題は依然として解決されない。なぜなら、田中教授が行政庁の第一次判断の行使を固守され、杉村教授が無名抗告訴訟に対して極めて積極的であるにしても、行政庁が当該処分について第一次的管轄権を有することは当然であるとされるのだから、村上教授の指摘によっては消極説の論拠は依然として克服されないといえる。

第一次判断権を侵して司法は行政に干渉できない。これは自明のことである。三権分立の原則の下に、行政庁に第一次判断権を留保しながら、なおかつ無名抗告訴訟が許容されるとするには、いかなる考え方が要るのかを明らかにする必要がある。

田中博士は、行訴法下における抗告訴訟を「行政庁の公定力をもった第一次的判断を媒介として生じた違法状態を否定又は排除し、相手方の権利利益の保護救済を図ることを目的とする一切の訴訟形態(79)」と解されている。田中博士が第一次的判断といわれるときはその判断に公定力が付与されていなければならない。さらに博士によればこの公定力は行政行為が有するものなのである(80)。したがって、抗告訴訟を行政庁の公定力をもった第一次的判断を媒介として生じた違法状態を除去する手段として把握されることからすれば、田中博士が「事後審査を本則とする行政事件訴訟の性質(81)」といわれる場合、事後審査の事後とは、行政行為以後のことであり、また行政庁の第一次的判断も行政行為によって外部に表示されるということになる。したがって、法定抗告訴訟以外の公権力行使に関する不服の訴訟である無名抗告訴訟を、特に行政庁が処分をなさない事前の段階で、その処分の履行を命ずるがごとき義務づけ訴訟を拒否されるのは理論上当然のことであろう。

田中博士は、「違法な処分が正に行なわれようとする明白かつ差迫った危険のあるような場合に、いわゆる宣言的判決を求める訴訟のごときは、その（無名抗告訴訟―岡田）一つの例といってよい」とされながら、他方、義務づけ訴訟のごとき形態はそれを消極的に解しておられる(82)。

田中博士と同じように、南教授も、無名抗告訴訟の許容性について、義務づけ訴訟を現行法上許されないとされながら、予防的宣言訴訟については許されてよいであろうとされる。[83] ところで南教授は、義務づけ訴訟が許されないと考える理由として、それが抗告訴訟の防衛的機能を越えるということをいわれる。[84] しかし、その場合、教授は法定抗告訴訟の一つである不作為の違法確認の訴えをどのように考えられるのであろうか。すなわち、不作為の違法確認の訴えで防衛されるものは何か。突きつめれば、防衛的機能を越えるか越えないかという判断基準でもって、不作為の違法確認の訴えと義務づけ訴訟を区別して、前者が許されて後者が許されないとする考えは首肯できない。南教授のいわれる拒否理由は、何故に不作為の違法確認の訴え（これは行政庁の第一次判断権を侵さないということで許容されたのであって、抗告訴訟の防衛的機能の内側にあるということからではない）と比較して、義務づけ訴訟が抗告訴訟の防衛的機能を越えるのかが明らかにされない限り、もはやここでは触れないことにする。もっとも、第一次判断権を侵すという意味で義務づけ訴訟が抗告訴訟の防衛的機能を越えるといわれるのであれば後で論難するであろうし、またそうであれば、ことさら防衛的機能を越えると極めて簡単な言葉でいわれる必要はなかったろうと考える。

さて、田中博士によれば、抗告訴訟の目的は行政庁の第一次判断を媒介として生じた違法状態の排除であり、第一次判断には公定力が付与されるのであって、第一次判断は行政処分で表示される。したがって、事後審査というのも行政処分以後のことなのである。[85] 右のような前提から田中博士は、違法な行政処分が正に行われようとする明白かつ差迫った危険のあるような場合には、実質的には行政庁の第一次判断がなされた後であるからして、宣言的判決を求める訴訟を将来許容される無名抗告訴訟の一類型とされるのであろう。もっとも、形式的にはその判断に公定力はまだ付与されておらず、判断自身の形式も行政行為以前のものであるからして、直ちに現時点で、宣言的判決を求める訴えが許容されるとは断定されないのであろう。

我々は右のように理解することによって、無名抗告訴訟を含めて、抗告訴訟に対する田中博士の理論的構造の一貫性を読み取ることができる。そして、行政庁の第一次判断と抗告訴訟に対する田中博士の理解よりすれば、いわゆる宣言的判決を求める訴えに、皮肉にも通例積極説が主張するような要件、すなわち、処分がなされることによって原告に回復困難な損害が生じる、(86)原告の権利保護が緊急である、(87)あるいは他に救済を求める適切な方法がない、(88)ということはこれを田中博士が主張されないのも(89)けだし当然といわねばならない。あえて推察すれば、田中博士は、行政庁の第一次判断権に関して行政権と司法権の調和さえ成立すれば無名抗告訴訟の許容性について極めて寛大なのであり、その訴訟要件についても法定抗告訴訟以上のものを要求されていないようである。

五　結　論

無名抗告訴訟の一般的許容性は、行政庁の第一次判断権に係ること極めて大であることを述べてきた。ここでは、第二次大戦前の行政訴訟観に関する一部の見解に簡単に触れた後、それについて述べる。

戦前のドイツおよびわが国の行政裁判制度を顧みて、行政訴訟の形態が行政行為の違法を主張してその取消しを求める取消訴訟に限定されていた事実より、当時の行政訴訟観を、行政裁判といえば行政裁判所による行政行為の事後審査であるというふうに解する見解がある。(90)そして、かかる行政訴訟観によって、当時は、行政庁の作為不作為を求める訴えなどは全く問題となり得ず、これらは学問上の議論の対象とすらならなかった、と理解されている。(91)

当時の行政訴訟がいわば特殊な行政行為に対してのみ認められる特恵的な上訴手続であって、「抗告」訴訟の名称が正に行政行為という判決類似物に対する上訴の意味を表現するものであったことは事実である。しかし、この事実は、行政事件の裁判は事後審査に限るという命題が確立された後に、そこから生来したものと理解すべきではない。「当時においては、義務づけ訴訟等の問題は学問上の議論の対象とすらならなかった[92]」ように仮に見えるならば（ドイツにおいては予防的権利保護をめぐる論争は一九二〇年代に遡ることができるのだが[93]）、それは、一つには義務づけ訴訟の固有の適用領域が侵害行政ではなく給付行政であることからも明らかなように、当時、現実に国民の側でかかる訴えが切実に必要とされる状況でなかったということ[94]、二つには義務づけ訴訟等の訴えが制定法に明定されていなかったということに理由があると解すべきであろう[95]。当時、何故訴訟事項が制限列記されたか、またここでいう無名抗告訴訟が何故はずされたかは詳しく述べる必要はない。私の知る限り、行政事件の裁判の事後審査性がやかましくいわれるのは、ボン基本法あるいは日本国憲法の制定による裁判国家の成立、すなわち法的救済における概括条項の導入下に、西ドイツにおいては予防的不作為訴訟、わが国においては無名抗告訴訟の訴訟形式による権利保護の可能性が開かれてから後のことである[96]。行政行為の後という意味での行政裁判の事後審査という性格は、先天的に存在するものでは決してないのであって、取消訴訟が過去の行政裁判の中心であったという事実の認識から、右の可能性に積極的でない論者によって強調せられたものである。

右の事実を考慮して無名抗告訴訟の許容性について考えれば次の帰結を得るであろう。

無名抗告訴訟が許されるべきか否かは、司法権が不当に行政権に干渉する結果になるか否かによって決定すべきである。行政事件訴訟においては、裁判所は、行政庁の行政行為を待って審査することを強要されるものではなく、本来、民事訴訟におけるのと同程度において事前の審査をなすことができるのである。行政庁の処分に先んじて、それを命じることあるいは禁止することを求める訴えは、行政庁に留保された第一次判断権を侵さない場合においては、裁判所は法定抗告訴訟と等しくこれを受理しなければならない。三権分立の建前において、裁判所が侵してはならない行政庁の第一次判断権は、第一次という言葉が冠せられているように、行政に関しては最初に判断をなす機会が行政庁に与えられねばならないということなのである。行政庁に対して判断をなす機会と一応の考慮をなすに十分な期間が与えられた後においては、司法は人民の権利保護のためにその訴えを契機に行政に関与することができる。

第一次判断権に対する右のような理解は、従前の消極説論者あるいは積極説の論者からも支持されないかもしれない。第一次判断権の内容が判然としていないことは既に述べた通りで、判例学説に現れているその断片より推察するより仕様がないのであるが、比較的詳しい浜判事の説明によれば次の如くである。

「行政法規が行政庁に一定の行政処分の権限を付与している場合において、いつ、いかなる場合に、いかなる事実関係のもとでどのような処分をするかについて、行政庁が独自の認定権限をもっていることは」「行政作用の性質から当然首肯されなければならない。行政庁の第一次判断権と呼ばれるものの内容は、行政庁の有する右のような認定権限にほかならないであろう。仮に行政法規のうえにおいて行政庁のなすべきことが一義的に確定されている場合」「右の意味の行政庁の第一次判断権はないものといわなければならない」。「行政庁の第一次判断権とは行政活動におけるイニシアチブをいうのであり、その内容は行政法規の定めるところに従い行政庁のなすべき行為、不行為についての行政庁の認定の幅であり、判断の余地以外のものでない」。「行政庁が第一次判断権を有する事項については、当該判断権が行使されない以上、当該事項をめぐって争いがあっても」「裁判所が法律を適用することにより解決すべき対象として不適格といわなくてはならないのである(97)」。

浜判事の説明によれば、行政庁の第一次判断権の内容は、行政法規の定めるところに従い行政庁のなすべき行為、不行為についての行政庁の認定の幅であり、判断の余地以外のものではない。そうであるから判事は、行政法規の上において行政庁のなすべきことが一義的に確定されている場合、行政庁の第一次判断権はないとされる。ところで、過去の無名抗告訴訟に関する積極的な判例学説においても、処分の内容が一義的に明白である場合には、行政庁に第一次判断権は留保する必要がないといわれている。最近においても、たとえば、金子教授は、義務づけ訴訟および予防的不作為訴訟を認める場合の要件の一つとして、「行政庁の義務が一義的に確定されていること（行政庁に第一次的判断権留保の必要のない場合）」[98]としておられる。

確かに行政庁が独自の認定権限を有することは明白であり、その認定に幅があって判断の余地があることもあるであろう。しかし、それを第一次判断権の内容ということができるであろうか。行政庁の独自認定権限は、従前の行政法学上の用語では説明困難であるが故に、第一次判断権という用語でもって昭和三六年以降の判例に現れてきたのであろうか。その場合「第一次」という言葉は何故に冠せられたのであろうか。行政庁に裁量のある場合には裁判所は給付判決をなし得ないということは、行政庁の第一次判断権がいわれる以前から、無名抗告訴訟を許容する判例においてもいわれてきた。行政庁の純然たる自由裁量事項に司法権が介入できないことは当然のことである。このことを前提として第一次判断権を考察しなければならない。繰り返していうが、行政庁の第一次判断権の内容は、最初に判断をなす機会とそれに相応しい期間が行政庁に与えられねばならないということであり、判断をなす機会を奪いあるいは行政庁が考慮中であるときに不当に早い時期に裁判所が行政に介入してはならないということである。

いつ、いかなる場合に、いかなる事実関係の下でどのような処分をするかについて行政庁が独自の認定権限を有する場合、裁判所は訴えを棄却しなければならない。したがって、たとえ行政庁が独自の認定権限を有する事項（すなわち浜判事の説明によれば裁判所が法律を適用することにより解決するには不適格な対象）であっても、行政庁に対して最初に判断をなす機会が与えられた後に、原告が行政庁は右独自認定権限を有しないと主張して義務づけ訴訟を提起した場合、裁判所はこれを却下するのではなくて、棄却しなければならない。すなわち、行政庁の裁量事項であっても、裁判権がないという理由で却下するのではなくて、行政庁の不行為が裁量の限界を超えていないかどうかを審査して、裁量の限界内であれば棄却し、また、行政庁の不行為が裁量の限界を超えて違法な場合に、行政庁のとるべき手段が一義的に確定（特定行為をなす以外のすべての態度が裁量瑕疵となる）しえない場合[99]は訴えを棄却することになる。実際上、行政庁が右独自認定権限を有するのかどうか、行政庁のなすべきことが一義的に確定されているかどうかは、訴訟の過程によって明らかにされるであろうから、行政庁に留保された第一次判断権を本書の意味で理解すれば、国民の権利保護の機会は増大することになろう。また、行政事件における司法審査の事後審査ということも、第一次判断権が行政庁に留保されていることに留意して、行政庁に判断をなす機会が与えられた後に、司法が行政に介入するという意味で理解しなければならない。行政庁に対して履行の申請をなさず、直接、義務づけ訴訟が提起された場合、あるいは行政庁が全然意図していない処分の差止めを求める予防的不作為訴訟が提起された場合に、裁判所が却下しないで実質的な審理に立ち入るとしたら、それは事後審査とはいえないし、もちろん行政庁の第一次判断権は侵されている。

行政庁の第一次判断権は、行政に関する行政庁のイニシアティヴであり、裁判所が三権分立下において肝に銘じなければならないのは、行政について最初に判断をなす機会を行政庁から奪ってはならないということである。行政庁に対して判断をなす機会と一応の考慮をなすに十分な期間が与えられた後においては、司法は人民の権利保護のためにその訴えを契機に行政に関与できる。義務づけ訴訟の場合であれば、訴えに先立つ原告の管轄行政庁に対する行政処分履行の申請によって、行政に関する第一次判断をなす機会は行政庁に与えられたのであり、判断をなすための相当の期間が経過したにもかかわらず行政庁が処分をせず、それによって人民の権利を侵害しまたは侵害するおそれがある場合には、裁判所は原告の訴えを却下し、原告に救済を与える機会を自ら放棄してはならない(100)。予防的不作為訴訟の側からいえば、最初に判断をなす機会が行政庁に与えられねばならないという第一次判断権の意義は、最初になされる行政庁の判断は必ずしも意思表示的な行政行為に限定される必要はないということである(101)。すなわち、行政庁が処分の発動につき警告、予告、告知等を発する場合は、それによって第一次判断権の行使があったものと考えることができる。したがって、行政処分に先行する行政庁の警告、予告、告知等によって、行政庁が一定の処分を行うおそれが明白で、人民の権利が侵害されるおそれがある場合は、予防的不作為訴訟提起のための権利保護要件は充たされているのであって、裁判所は原告に救済を与えることを躊躇し訴えを却下してはならない。もちろん、処分に先行する行政庁の行為が取消訴訟の対象となる場合は別である。原告が処分の差止めを不作為訴訟でなく、間接的に確認訴訟、しかも行政庁の処分権限不存在の確認訴訟の形式で請求する場合には、原告の不作為請求権の存在は訴えの理由づけに不必要であり、広範な権利保護が約束されることになろう(102)。なお、行政処分がなされる事前の段階では、抽象的法律状態が存在するだけで、訴訟の対象となるべき具体的法律関係は存在しないという見解があるけれども、法律関係が行政行為の発動によってのみ初めて形成されるものでないことは、国の処分権限が行政行為の前提となっていることから窺えるところであり、この問題については、次に章を改めて論述する(103)。

最後に、責任行政の原則から提出される無名抗告訴訟の許容性に対する疑問については、ここでは、義務づけ判決あるいは差止め判決が下されるのは、処分の内容あるいは処分を思いとどまることが一義的に確定される場合であるから、「行政庁が自己の責任において行動すべき余地は全くなく、法の羈束するところに従ってのみ行動するのであるから、なんら行政権に対する固有の責任問題を生ずる余地はなく、もしこれをなすことに問題があるとすれば、それはむしろかく定めた立法者自身の責任であるから、司法権がそれを命じたとしても行政権に対する侵害の問題は生ぜず、司法権自身の責任も生じえないことになる(104)」ことを指摘するにとどめる。

【注】

（1）平野力三に対する「追放処分」についてされた仮の地位を定める仮処分申請に対し、東京地裁が、これを入れて、仮処分決定をしたところ、連合国最高司令部は、一九四八（昭和二三）年二月四日、公職追放令の適用については、日本の裁判所は裁判権を有しないことを指摘し、最高裁長官に対し、仮処分決定の取消しを求め、東京地裁は、この要求に従って仮処分決定を取り消した。これを平野事件というが、この事件を契機として、それまで行政事件の特殊性に応ずる特例法の制定に反対していた司令部当局は、行政事件訴訟を民事事件と同様に取り扱うことは適当でないことを認め、早急に、行政事件訴訟特例法案を国会に提出することを要請するとともに、訴願前置主義、民事訴訟の仮処分に関する規定の不適用、執行停止及び内閣総理大臣の異議の制度の採用などを強く主張したといわれている（田中二郎・新版行政法上全訂第二版二八三頁参照）。

（2）兼子仁「行政事件訴訟特例法の実態」鵜飼信成編・行政手続法の研究二八五頁。

（3）兼子・前掲論文二八五頁（二九〇頁の注1に詳しい）。

（4）行訴法（平成一六年改正前）三条にいう抗告訴訟に属するものとしては「処分の取消しの訴え」（二項）、「裁決の取消しの訴え」（三項）、「無効等確認の訴え」（四項）および「不作為の違法確認の訴え」（五項）の四種がある。本書でも、これらを田中博士に倣って、法定抗告訴訟と呼ぶ（田中二郎・新版行政法上二八九頁）。なお、現行行訴法では、「義務付けの訴え」（六項）と「差止めの訴え」（七項）が加えられ、六種になっている。

(5) 無名抗告訴訟の類型としてどのようなものが考えられうるかについては市原省三郎「無名抗告訴訟の類型」行政法講座三巻一五六頁を参照されたい。

(6) 杉本良吉「行政事件訴訟法の解説（一）」法曹時報一五巻三号三六頁。村上義弘「無名抗告訴訟」行政救済の諸問題（渡辺古稀記念一二九頁）以下にこの間の事情が詳しい。

(7) 無名抗告訴訟という名称は行訴法制定後に使用されるのであるが、便宜上、ここでは無名抗告訴訟に包括されるものについては、行特法下でもこの名称を用いる。

(8) 柳瀬教授は法定の四類型に限定される。柳瀬良幹・行政法教科書（改訂版）一六三頁。

(9) 予防的不作為訴訟の名称は厳格にいえば同語反復である（Wolf-Rüdiger Schenke. Vorbeugende Unterlassungs - und Feststellungsklage im Verwaltungsprozess. AöR.95. Heft 2. S.223（225）.）が、この分野における研究において優れた論文をものしているナウマン（Richard Naumann. Vom vorbeugenden Rechtsschutz im Verwaltungsprozess（Gedächtnisschrift für Walter Jellinek）S. 391）に倣い、ここでも使用することにする。

(10) 本書では、行政庁の一定の処分権存在の有無を確認する旨の判決を求める訴えも公義務確認訴訟に含まれるものとする。

(11) 原田尚彦「行政上の予防訴訟と義務づけ訴訟」民商法雑誌六五巻二号一五頁。

(12) 原田・前掲論文二八頁。

(13) 浅賀栄「実務上から見た行政訴訟の争点」司法研究報告書四輯五号一七頁。

(14) 浅賀・前掲書一七頁。浅賀判事は、国民の側において請求権が認められない場合であっても、行政庁が一義的にある処分をなすべきことが定められている場合は、公義務確認訴訟が認められるとされる（浅賀・前掲書一七頁）。けれども、このことは、判事の「判例を中心とした行政訴訟の諸問題」（昭和二九年）では削除されている。また、市原教授も、「行政事件訴訟における判決の効力」（一橋大学創立八〇周年記念論集下）では、浅賀判事と同様に、国民の側に行政庁の一定の給付を請求する権利が認められるか否かについては、消極的たらざるを得ない旨を明らかにし、実際上、給付判決・確認判決（行政庁の義務宣言的）を認める余地はないとされる（市原・前掲論文二四四頁）。後になって、市原教授は、予防的不作為訴訟については依然として消極的なのであるが、義務づけ訴訟は許容されるとする見解をとられる（田上＝市原・行政法上巻二四二頁以下）。

しかし、そこでは、もはや、国民の請求権については何ら触れられていない。

(15) BVerwG.18.8.1960. DVBl.1961. S. 125=NJW 1961. S.793.

(16) Redeker von Oertzen, Verwaltungsgerichtsordnung, 2.Aufl. Anm.100 zu §42, S.165.

(17) Vgl. OVG Hamburg, 27.9.1951, DVBl.1952, S.86.

(18) Vgl. OVG Münster.24.11.1955, DÖV 1956, S.92.

(19) Vgl. OVG Hamburg, 27.9.1951, DVBl.1952, S.86.

(20) Naumann, a.a.O. S.391（397）.

(21) 無名抗告訴訟を拒否する論拠として行政庁の第一次的判断権（Das Recht der "Erstentscheidung"）はわが国においてやかましくいわれるが、西ドイツにおいては、予防的不作為訴訟の許容性に関して、このことはいわれないのであって、文献にも私の知る限りでは、次のものを除いてほとんど見られない。Haueisen, Die Verpflichtungsklage und ihre Bedeutung für Streitigkeiten aus dem Bereich der Leistungsverwaltung. NJW 1957.S.1657（1660）; Rupp, Die Beseitigungs - und Unterlassungsklage gegen Träger hoheitlichen Gewalt, DVBl.1958,S.113（116）.

(22) 原田・前掲論文一六頁。

(23) 山内敏彦「無名抗告訴訟の問題点」（実務民訴講座八）一五六頁。

(24) 東京地判昭和三七年一月二九日行裁例集一三巻一一号二一七頁、東京地判昭和三八年七月二九日行裁例集一四巻七号七〇頁。両判決とも、白石健三、浜秀和、町田顕判事によってなされたものである。

(25) 旭川地判昭和二四年三月五日行裁月報一七号五三頁。

(26) 昭和二三年三月一八日の最高裁判所主催の民事裁判官会同において行われた講演。兼子一「行政事件の特質」法律タイムズ二巻七号一六頁。

(27) 兼子仁・前掲論文二九〇頁参照。

(28) 原田尚彦「行政法における公権論の再検討」民商法雑誌五八巻二号。

(29) 兼子一「行政事件の特質」法律タイムズ一五号一六頁以下参照。

(30) 徳島地判昭和二三年一一月一八日行裁月報八号一三七頁。
(31) 鹿児島地判昭和二三年一一月三〇日行裁月報一二号四五頁。
(32) 青森地判昭和二四年三月二二日行裁月報一九号三〇頁。
(33) 旭川地判昭和二四年三月五日行裁月報一七号五三頁。
(34) 田中二郎「行政事件に関する司法裁判所の権限」法曹時報一巻八号一頁。
(35) 山田準次郎「行政事件訴訟における司法権の限界」法律論叢二四巻四号、田上譲二「司法権に対する行政権の独立」公法研究八号。
(36) 浅賀栄・判例を中心とした行政訴訟の諸問題一五頁以下。
(37) 大西芳雄「行政事件訴訟の給付判決」立命館法学九号一頁以下（特に二五頁）。
(38) 白石健三「公法上の義務確認訴訟について」公法研究一一号四六頁以下。
(39) 東京地判昭和三〇年五月二六日行裁例集六巻六九頁。
(40) 横浜地判昭和三〇年九月二三日行裁例集六巻九号一三九頁。
(41) 東京地判昭和三六年八月二四日行裁例集一二巻八号二五頁。
(42) 東京地判昭和四〇年四月二二日行裁例集一六巻四号八頁。
(43) 東京地判昭和四二年二月七日行裁例集一八巻一・二号六三頁。
(44) 昭和四〇年の判決（注42）は位野木益雄、小笠原昭夫および石井健吾判事によって、昭和四二年の判決（注43）は位野木益雄、高林克己および仙田富士夫判事によってなされている。
(45) 白石健三、浜秀和および町田顕判事による東京地判昭和三七年一一月二九日行裁例集一三巻一一号二一七頁、東京地判昭和三八年七月二九日行裁例集一四巻七号七〇頁、東京地判昭和三九年五月二八日行裁例集一五巻五号一三八頁、町田顕判事の代わりに井口牧郎判事が参加した東京地判昭和三七年一二月二五日行裁例集一三巻一二号二二三頁に窺える。
(46) 東京地判昭和三八年七月二九日行裁例集一四巻七号七〇頁。
(47) 東京地判昭和三七年一一月二九日行裁例集一三巻一一号二一七頁。

(48)　田中二郎・新版行政法上二八四頁。
(49)　田中・前掲書二八〇頁。
(50)　行政裁判資料七号・英米法における宣言的判決二頁以下。
(51)　盛岡地判昭和二四年七月一二日行裁月報二二号一八六頁。
(52)　田中二郎「行政事件に関する司法裁判所の権限」法曹時報一巻八号一三頁。
(53)　金沢地判昭和二五年一月二三日行裁例集一巻一〇号三七頁。
(54)　東京地判昭和二五年一一月一五日行裁例集一巻一〇号一三八頁。
(55)　大阪地判昭和二六年七月七日行裁例集二巻九号一七頁。
(56)　田上譲二「司法権に対する行政権の独立」公法研究八号一〇六頁。
(57)　白石健三「公法上の義務確認訴訟について」公法研究一一号五四頁。
(58)　行政事件訴訟年鑑（二五年度）一三頁以下参照。
(59)　宣言的判決については、それによって司法の本質に反するような作用を裁判所が行うことになりはしないかという点で、英米においても疑問視されたことがある。しかし、宣言的判決も裁判所の固有の司法作用として行われるものであり、したがって、司法作用としての裁判が当然予定する一定の条件によって制約されるものであることが明らかにされ、これによって宣言的判決を非司法的機能として白眼視し、ひいてはこれを違憲とするような誤解は解かれた。そして、司法作用の予定する一定の条件は何かというと、ジャスティシャビィリティ（justiciability）なのであって、ジャスティシャブルな問題が提示された場合にのみ、裁判所は、本来の司法作用としてこれを裁断することができるというのである。ジャスティシャビィリティの基準法則は、①実質的利益、②利害の対立、③争いの成熟、④判決の最終的拘束力である（前掲行政裁判資料七号二八頁以下を参照）。
(60)　浅賀栄・判例を中心とした行政訴訟の諸問題一五頁以下。争いの成熟（maturity of controversy or ripeness of issue）は一応次の四つの段階に分かたれている。①権利の侵害が既に生じたか、または現に生じつつある場合、②現実の権利侵害はないが、その危険が差迫っている場合、③被害が差迫っているとはいえないが、事態の発生の合理的蓋然性が存すると認められる場合、

(61)　④かかる蓋然性も認められない場合（前掲行政裁判資料七号三九頁以下参照）。浅賀判事は右の四つの段階のうち①・②・③の場合に事件の現実具体性を認めておられる。

(62)　今村成和「行政訴訟―司法権の限界に関する諸学説の検討―」日本国憲法体系六巻七四頁、兼子仁「行政事件訴訟特例法の実態」鵜飼信成編・行政手続法の研究二九七頁。

(63)　白石健三「公法関係の特質と抗告訴訟の対象」岩松裁判官還暦記念・訴訟と裁判四四四頁。

(64)　東京地判昭和三七年一二月二五日行裁例集一三巻一二号二三三頁。

(65)　Bettermann, Die Verpflichtungsklage nach der Bundesverwaltungsgerichtsordnung, NJW 1960, S. 649 (653).

(66)　昭和三一年に、最高裁判所事務総局行政局は、具体的な場合が行政権の発動されるべき場合に該当するかどうかについては、行政庁に第一次的な認定権が留保されているから、事前に裁判所がこの点の判断を行うことは許されないとする議論が消極説の理由づけとして考えられることを指摘した（行政事件訴訟年鑑（三〇年度）一五頁以下参照）。

(67)　雄川一郎「行政救済制度（一）」国家学会雑誌七一巻五号六二頁。

(68)　大阪地判昭和三三年八月二〇日行裁例集九巻八号一〇〇頁。

(69)　東京地判昭和三六年八月二四日行裁例集一二巻八号二五頁。

(70)　今村成和「行政訴訟―司法権の限界に関する諸学説の検討―」日本国憲法体系六巻三一頁。

(71)　村上義弘「無名抗告訴訟」渡辺古希記念・行政救済の諸問題一四八頁。

(72)　村上・前掲論文一四八頁。

(73)　村上・前掲論文一五〇頁。

(74)　田中二郎・新版行政法上二九二頁。

(75)　村上・前掲論文一五〇頁。

(76)　田中・前掲書二八四頁。

(77)　村上・前掲論文一五一頁。

(78)　杉村敏正「新行政訴訟制度について」公法研究二六号一三八頁以下。

(78)　杉村・前掲論文一三九頁。
(79)　田中・前掲書二八八頁。
(80)　田中二郎・行政法総論二七六頁。
(81)　田中二郎・新版行政法上二九一頁。
(82)　田中・前掲書二九二頁。
(83)　成田＝園部＝南編・行政法講義上巻二九二頁。
(84)　成田＝園部＝南編・前掲書二九二頁。
(85)　田中博士は、不作為の違法確認の訴えについては、それは事後審査を本則とする行政事件訴訟の性質に適合するものであり行政権と司法権との分立を認めている憲法の趣旨に抵触することなく、しかも、行政庁の不作為に対する行政救済の目的をほぼ達成することができると考えられる。田中・前掲書二九一頁以下参照。
(86)　たとえば、東京地判昭和四二年二月七日行裁例集一八巻一・二号六三頁。
(87)　たとえば、東京地判昭和四〇年四月二二日行裁例集一六巻四号八頁。
(88)　たとえば、福岡地判昭和四〇年一月一九日行裁例集一六巻一号一頁。
(89)　田中・前掲書二九二頁。田中博士が宣言的判決を求める訴訟を許容されるのは「違法な処分が正に行なわれようとする明白かつ差迫った危険のあるような場合」である。
(90)　原田尚彦「行政上の予防訴訟と義務づけ訴訟」民商法雑誌六五巻六号一四四頁。
(91)　原田・前掲論文六頁。村上義弘「無名抗告訴訟」渡辺古希記念・行政救済の諸問題一四四頁。
(92)　原田・前掲論文六頁。
(93)　原田教授および村上教授のように、果たして、ドイツにおいて議論の対象とすらならなかったといえるか極めて疑問である。ハウグ(Haug)の叙述によれば、「行政訴訟における予防的権利保護をめぐる学問上の論争は古くかつ一九二〇年代にまで遡る」(Winfried Haug, Die neuere Entwicklung der vorbeugenden Unterlassungs-und der allgemeinen Beseitigungsklage, DÖV 1967, S. 86)。もっとも、ハウグは、原田教授および村上教授の逆のことを、両教授と同じように参照文献を掲げずに断定している。ただ、ハウグの叙述の信憑性は、一九五一年九月二七日のハンブルク上級行政裁判所の判示（DVBl. 1952. S. 86（87））によって、窺い知れる。それによれば、ワイマール時代においても学説上、見解は分かれていたというのであり、たとえば、W・イエリネック（Walter Jellinek. Verwaltungsrecht 2. Aufl. S. 191. 192. 208. 301）は、将来における不作為訴訟の導入に好意的であって、ただ当時の法制上、予防的確認訴訟も含めてこれを不適法とみなしていたという。

(94) 山内敏彦「無名抗告訴訟の問題点」（実務民訴講座八）一四七頁。Ule . Verwaltungsprozessrecht. 4. Aufl.. S. 102. Fritz Czermak. NJW. 1962. S. 776.

(95) もちろん、義務づけ訴訟の適用領域は給付行政に限定されるのではなく、国民が許・認可を必要とするところでも、この訴えは適切である。ただ、給付行政の領域が飛躍的に拡大したのは比較的近年であることと、訴訟事項が制限列挙されていた戦前のわが国においても、営業の免許を拒否する行為について、これを取り消し、その出願を許可すべしという判決がなされたのであるから、当時、義務づけ訴訟の適用領域はほとんどなかったろうと思われる。その意味で、戦前、義務づけ訴訟に先立って、侵害予防のための不作為義務確認訴訟の必要性が説かれた（Walter Jellinek. Verwaltungsrecht 3. Aufl.. S. 208）のは理解できる。

(96) たとえば、W・イエリネックは、戦前においても予防的な権利保護の必要を主張したが、それは、ハンブルク（G.u. Verwaltungsgerichtsbarkeit v. 2. Nov. 21. § 20）とブレーメン（G.u. Verwaltungsgerichtsbarkeit v. 6. Jan. 24. § 28）の当時の新しい行政裁判所法による確認訴訟の一般的導入を契機としている。Ruckdäschel. Vorbeugender Rechtsschutz im Verwaltungsprozess. DÖV 1961. S. 675.

(97) 浜秀和「行政事件訴訟法施行後における行政裁判例の傾向（二）」判例評論一二号一〇五頁以下。

(98) 金子芳雄「無名抗告訴訟の諸問題」法学研究四四巻五号二三頁。

(99) その場合には、西ドイツ義務づけ訴訟では決定判決（Bescheidungsurteil）がなされる。その判決の形式は「被告行政庁は裁判所の法解釈を顧慮して原告に対して決定をなすべき義務がある」ということである（Ule . Verwaltungsprozessrecht. 4. Aufl.. 1966.S.199.）。右の場合においては、わが法制上は、義務づけ訴訟が、取消し（処分の履行の申請に対して拒否処分のあった場合）もしくは不作為の違法確認（行政庁がなんら応答しない場合）の訴えと独立して提起された場合は、これを棄却すべきものと考えている。

(100) 原告の請求が認容されるのは具体的に事案がどのような場合であるかについては西ドイツ義務づけ訴訟から多くの示唆を受けることができる。本稿ではこれを割愛した。Vgl. W. Idel. Zum Begriff der Spruchreife bei der Klage auf Vornahme eines Verwaltungsaktes. NJW. 1955. 1744ff.

(101) 同旨、浜秀和・前掲判例研究一〇八頁。

(102) Wolf-Rüdiger Schenke. Vorbeugende Unterlassungs-und Feststellungsklage im Verwaltungsprozess. AöR. 1970. S. 223 (253).

(103) 西ドイツにおいては、予防的確認訴訟（Vorbeugende Feststellungsklage）についてこの問題が論ぜられた。白石健三「ドイツの行政裁判について」法曹時報九巻一一号二六頁、雄川一郎・行政争訟法一〇五頁に、西ドイツの事情が極めて簡単ではあるが、紹介されている。

(104) 田上＝市原・行政法上巻二四二頁。

（関西学院大学　法と政治　第二三巻第二号　一九七二年）

第二章　行政事件における予防的確認訴訟——ドイツの理論を中心として——

一　はじめに

明治憲法下の行政裁判では、訴訟事項が制限列挙されていたために、将来における処分の禁止を求める訴えは、法律勅令にそのような訴えの提起を許した規定がないという理由で却下された[1]。第二次大戦後、訴訟事項について概括主義が採用されて、一切の法律上の争訟について司法裁判所が管轄するところとなったが、多くの判例学説は、法定外の無名抗告訴訟の一般的許容性を肯定しながら、将来における処分の禁止を求める訴え、すなわち予防的不作為訴訟と予防的確認訴訟を不適法な訴えであるとして認めることはなかった。

行政庁が公権力を行使する事前の段階で行政庁の権限行使に制約を加える給付訴訟の許容性がかつて議論されたときに、少数の先学はそれを給付請求権の存否に係らしめた。もっとも、一定の給付を行政庁に請求する権利が国民の側に認められるかについては消極的であった。しかし、給付請求権の存在を否定しながらも、行政庁が一義的にある処分をなすべきことが定められている場合には、公義務確認訴訟が認められると主張した[2]。もともと、司法が判断作用であり、行政が意欲作用であるという機能的相違を理由にして、権力分立の建前から、行政庁に対して作為不作為を求める訴えの許容性が否定されてきたわが国においては、請求権の問題を離れれば、行政庁の差し迫った処分に対抗できる訴えとしては、給付訴訟（予防的不作為訴訟）より確認訴訟（予防的確認訴訟）の形式において、その承認を求めやすかったということができる。

この公義務確認訴訟が行政庁の不作為義務の確認に向けられる限り、予防的確認訴訟であることはいうまでもない。本章では、予防的確認訴訟をどのように定義するかという不急の議論を離れて、便宜的に、行政庁の差し迫った処分の法的根拠となっている法律関係の存否の確認を求める訴えとして包括的に理解することにする。したがって、行政庁の処分権限の前提となっている法律関係の確認の訴えも、それが差し迫った処分に対抗すべく提起される限りにおいて、ここでいう予防的確認訴訟に当たるものと理解する。

第二次大戦後、西ドイツでは、義務づけ訴訟の許容性が訴訟法規に明定されたのに対して、差し迫った行政庁の行為に対する予防的権利保護については、特別の定めが置かれなかったので、わが国におけるのと同様に、その許容性と範囲とが争われている。学問上の論争自体は一九二〇年代まで遡ることができるが、現実に予防的権利保護の可能性が生じたのは、確認訴訟と義務づけ訴訟が導入された一九四五年以降のことである。[(3)]ところで、予防的な権利保護を求める訴訟形式として、一応、予防的不作為訴訟と予防的確認訴訟とが考えられるが、前者では国民の側に不作為請求権が存在するのかどうかが主たる争点となっており、後者では確認可能な法律関係が行政庁の行為以前に存在するのかどうかが議論されている。[(4)]ちなみに、わが国においても、裁判の対象となるべき現実具体的な法律関係は、行政庁の行為前の段階では存在するとはいえないのではないかと疑問視する見解がある。[(5)]

西ドイツでは、一九六〇年制定の行政裁判所法（Verwaltungsgerichtsordnung vom 21.1.1960）がその四三条二項第一文で確認訴訟を給付訴訟の補充的なものとして定めていることもあって、予防的権利保護の担い手としては、主として予防的不作為訴訟が考えられており、論争の中心も不作為請求権の存否にある。しかし、わが国の行政事件訴訟法の建前は確認訴訟をしりぞけるものでないから、予防的不作為訴訟ないし不作為請求権に関しては別の機会に譲ることとして、本章では予防的確認訴訟について、西ドイツで争われた論点を検討して、無名抗告訴訟再考の理論的地ならしを試みる。

二　確認訴訟による予防的権利保護の可能性

第二次大戦前におけるドイツの支配的な実定法構造では、主として取消訴訟のみがその存在を認められていたので、行政裁判所による権利保護は、行政庁の拘束力のある決定の後に初めてそれを求めることができた。しかし、一九二〇年代には、ハンブルクとブレーメンの行政裁判法の規定（G. ü. Verwaltungsgerichtsbarkeit v. 2. Nov. 21 § 20., G. ü. Verwaltungsgerichtsbarkeit v. 6. Jan. 24 § 28.）にみられるように、一部では、確認訴訟が一般的に導入されつつあった。

確認訴訟の行政裁判への一般的導入は、特にイエリネック（Walter Jellinek）によって、行政裁判所の権利保護の発展における一つの進歩として歓迎されたのであるが、行政裁判所の方はどうかというと、たとえばハンブルク行政裁判所は、旅館の主人が旅館での舞踏会の開催は営業法（GewO）三三条にいう舞踏会興行の開催に当たらないという確認を求めたケース、あるいは、原告が自分の営業様式では行商鑑札が必要ではないという確認を求めたケースで、訴えをそれぞれ却下してしまった[6]。

イエリネックは、ドイツ法律学会において、行政裁判所が法律関係の概念を理由もなく狭く限定することによって、確認訴訟で開かれた権利保護を制限するとしたら、それは遺憾であると述べたが[7]、彼自身は法律関係と法律状態とを分けて次のように理解していた[8]。

法律状態は、法律関係に先行するものとしてこれを捉え、権利主体に関する将来の法律関係の可能性であり、権利主体の属性、古典的な法の表現を用いれば、地位であるという。そして、私人間の例を引きつつ次のように説明した。「商人と私の間には、私が彼のところで万年筆を買う場合、彼はそれを私に引き渡す義務がある、という遠回しの関係がある。しかし、商人と私の間にはまだ法律関係はなくて、条件つきの法律関係も存在せず、まったく不確かな将来において存する法律関係の可能性だけがある。同じように、国には病院営業の許可を私の申請に基づいて行う義務があるという内容の法律関係は、私が申請しない、またはまったく病院を設立する気がない場合には、国と私の間に存在しない。私人の営業をなす可能性は単なる地位、すなわち法律状態なのである」。

一方、法律関係は、少なくとも二者の権利主体間における、一方の権利主体が他方の権利主体に対して何らかのことをなすまたはなさないものとする、あるいはしてもよいまたはしてはいけない、あるいはできるまたはできないという関係であると理解した。そのうえで、先に挙げたところのハンブルク行政裁判所が却下したケースは、まさしく法律関係の確認の訴えであったという。その理由は、最初のケースでは舞踏会の開催に対して、後のケースでは営業行為に対して国が干渉できるのかどうかが、原告の側からいえば、原告が舞踏会を開催してよいのかどうか、営業を行ってよいのかどうかが裁判されたからだという。

そして、法律状態に対する訴えは、たとえば私人の将来の権利の確認のために提起される訴えのように、確認訴訟の対象とされる法律関係が存在しないために却下されるが、(9)差し迫った行政行為に対しては権利保護の必要が存在する場合には、(10)「法律関係は、公法においては、行政庁の見解だけであっても国と私人との間で私人に対する干渉が許される関係があるとされる場合には、もう存在する」と主張した。(11)

フェンゲ（Horst Fenge）は、イエリネックが法律関係と法律状態を区別して、法律状態が確認訴訟の対象とはならず、その確認を求める訴えは却下されると主張する点までは首肯できるが、公法上の法律関係の範囲に関する見解については必ずしも疑問がないわけではないとして、次のように批判している。法律関係が存在するかどうかは、法規の基準によって客観的に考察して決定されるものであり、これに関する争いを解決するのは裁判官の仕事である。したがって、法律状態が具体的な法律関係になる、すなわち確認訴訟が許される時期をイエリネックが確定しようとする限りでは、彼の見解に賛同できるけれども、法律関係の存在がたとえ行政庁であっても片方の見解に依存しえない場合には、イエリネックの定義は間違った方向に導くものであるという。(12)

ともかくも、イエリネックによって主張された確認訴訟による予防的権利保護の可能性は、行政裁判所が法律関係の概念を狭く解して行政行為の発動前に活動することを遠慮したために、第二次大戦後になってナウマン（Richard Naumann）が覚醒させるまで、リンゲ（Karl Ringe）流の表現を用いれば、いばら姫の眠り（Dornröschenschlaf）につくこととなった。(13)

第二次大戦後、西ドイツでも概括主義が採用されることとなった。当時の行政裁判法の規定によれば、国民は、米占領地区では「法律関係の存在または不存在の確認」（南独法（VGG）二四条）、英占領地区では「公法上の法律関係の存在もしくは不存在またはその内容の確認」（軍政命令一六五号（MRVO165）五二条）を求める確認訴訟を提起することが可能となった。

予防的確認訴訟を提起することができるかは、右諸規定の法律関係の概念にいかなる内容を盛り込むかにかかっているが、司法部の一分枝として行政部から独立した新しい行政裁判所も、確認訴訟の可能性を従前どおりに抑止的に取り扱った。

たとえば一九五一年六月二八日のリュネブルク上級行政裁判所は、[14]軍政命令一六五号によれば、行政裁判所は公法上の法律関係の存在もしくは不存在またはその内容の確認だけを裁判できるのであって、当事者間にはかかる法律関係が存在していない、という理由で原告の訴えを却下した。裁判所は、「公法上の法律関係とは、権利主体間の一定の要件の充足によって具体化された公法上の請求権および義務という形で現れる法律関係である」という理解に立ち、「個人の具体的な権利もしくは義務が生ずるような関係のみが法律関係であり、権利主体に関わる将来の法律関係の可能性は単に法律状態であって、これは行政裁判所の確認訴訟の対象たり得ない」と判示した。さらに、ライヒ裁判所が、私人の一般的抽象的作為義務が法律関係であるかということについて、その義務が特別なことによって「具体化」されない限り、法律関係でないとしたのは同様の理由であるとして、これを引用し、当該事案ではライヒ裁判所が例外としたところの「具体化は、個別的なケースにおける住居庁（Wohnungsbehörde）の明示的な行政行為によってのみ起こりうる」と判示した。

他方、学説では、ナウマンが、国民の権利に対する違法な侵害の予防的防御に確認訴訟が役立つことにいち早く着目し、原告に対する将来の一定の侵益的行政措置を可能な限り排除する確認判決を求める訴えを予防的確認訴訟と呼んだ。[15][16]もっとも、この訴えによっても将来の法律関係の確認を求めることは何人もできないということは、彼も承知しており、その理由については、将来の法律行為の可能性は法律関係ではなく、将来の法律関係の確認の訴えは確認可能な具体的な法律関係が存在しないために許されないと主張する。けだし、ナウマンの述べるように、予防的確認訴訟は差し迫った行政措置を原因とする現在の法律関係の確認を求める正式の訴え（die reguläre Klage）であり、将来において初めて生ずる法律関係は、確認訴訟によって裁判所では確認することができない(17)。

ここにおいて、確認訴訟で予防的権利保護を求める場合に、確認可能な法律関係が行政行為の発動前に果たして存在するのかどうかという問題が再び立ち現れることとなった。

三　行政行為と法律関係

行政行為の発動前にも法律関係は存在しうるというイエリネックやナウマンの見解に対する反論の主たる根拠は、先に挙げたリュネブルク上級行政裁判所の判例にあるように、確認訴訟に必要とされる具体的形態における法律関係は行政行為によって生ずる、ということにある。すなわち、行政行為の発動前には法律関係はまだ存在せず、せいぜい一般的抽象的法律状態が存在するだけであり、これは裁判では確認できないという(18)。

ナウマンは、国の不利益処分をなす権限が行政行為発動の前提にあることを根拠にして、右反論の正当性を疑問視する。すなわち、国が国民に対して不利益処分をなす権限があるという場合には、国のこの権利は法律に基づいて国と国民との間に存在する法律関係の流出物なのであって、国の干渉権といったものはこのような法律関係なくしては考えることができないという。国と国民との間の法的な関係（Rechtsbeziehung）は、実際上、行政行為の発動によって個別化され、凝縮され、狭められ、具体化されるが、たとえ行政行為の発動前であっても、具体的法律関係（Rechtsverhältnis）は存しうると考える。その明白な証拠は、国民が授益的行政行為の発動を求める権利を有しかつ義務づけ訴訟によってそれを訴求できるということであり、右の請求権は、もしそれが申請された行為の発動前に存在している国に対する原告の具体的法律関係から演繹されないとしたら、考えようがないという。(19)

フェンゲも、ナウマンと同じように、公法上の法律関係が生じるのは行政行為だけからではないことを義務づけ訴訟が実証するという。義務づけ訴訟は、申請された職務行為発動の請求権、したがって法律から直接生じたに違いないところの公法上の具体的な法律関係を前提としている。その場合に、行政行為は申請されるがそれ自体は後になって発動されるものだから、行政行為は行政庁にその発動を求めるという権利に何ら影響を及ぼしていない、それゆえに職務行為の請求権を訴求できるということは、行政行為がなされる前であっても公法上の法律関係が存しうることを示しているという。(20)

ナウマンおよびルックデッシェル（Osker Ruckdäschel）は、法律関係は、高権的行為が国民と国との間の権利義務を具体化するまでもなく、憲法または法律に直接基づいていると主張する。

両人の説明によれば、基本法が財産（Eigentum）を基本権（Grundrecht）として保障している場合には、この保障はさしたる財産を持たない人には差し当たって抽象的一般的保障である。しかし、重要な財産を所有するに至ると、所有者と国との間に基本法が一定の法律関係を直接基礎づけるのであり、この法律関係によって、たとえば国の収用侵害（Enteignungseingriffe）は、法律によってまたは法律に基づいて、かつ適切な補償と引き換えになしうることになるという。(21)

フェンゲは例として憲法に保障された自由権を挙げる。[22] 基本法の規定によれば、自由権が国民の権利として高権担当者を直接拘束することは疑いようがなく、かかる権利は行政処分がなくても、直接憲法に基づいている公法上の法律関係を基礎づけている。このことは公法上の義務にも妥当するのであって、立法者が一定の要件に一つの法律効果を結び付けている場合には、それらの要件が充足された瞬間に、公法上の法律関係の内容としての公法上の義務が関係人に生ずるという。

四　確認訴訟の対象となる法律関係

ナウマンは確認訴訟の対象となる法律関係について次のように説明する。具体的な法律関係が抽象的に想定されかつ理論的に可能であるというだけでは、国民の国における一般的抽象的法律状態以外の何ものも存在せず、それは法律関係ではない。なぜなら、法律関係は現実に存在している要件を前提とするからである。しかし、一般的抽象的法律状態を終了させ、国民と国との関係を法律関係に具体化するのは、行政行為が常で最初であるというわけではない。多くの行政行為とりわけ侵益的行政行為の方がむしろ具体的法律関係の存在を前提としている。[23] すなわち、行政裁判所による確認可能な法律関係は、行政行為により作り出された法律関係は別として、法規が国民または国の権利義務を法律効果として結び付けている一定要件が充足されている場合には、存在するのであって、この前提が存在するかどうか、または行政庁が正当だとみなしている措置を法律が許容しているかどうかという確認を、国民は行政裁判所に求めることができるという。[24]

もっとも、ナウマンは、国と国民との間に具体的法律関係が生ずることについて法律が要請している一定要件が充足されていると判断する目安について何も言っていない。ただ、権利保護の必要の存在との関連で、国民に対して適法な措置をとるための要件が充足されていると行政庁としては判断しているという行政庁側の通知（Kundgabe）は、その存在を示すものであると述べる。[25] もちろん、ナウマンは不利益処分を発動するという行政庁の戒告（Androhung）が一般的法律状態を具体的法律関係に変えるものとは理解しない。しかし、法律が具体的法律関係であるとしている一定の義務を具体的な要件に結び付けている場合には、右の戒告は国民の側でその具体的要件が充足したと判断する重要な徴憑であるという。[26]

行政行為が最初に具体的法律関係を作り出すものでないことは、フェンゲもこれを主張し、公法上の法律関係について、次のように説明する。

義務を課する行政行為がなされる場合には、原告については二種の法律関係が存在し、その存否を確認するために訴えを提起することができる。二種の法律関係の間には行政行為が介在し、行政行為は先行する法律関係の結果であって、かつ、後に続く法律関係の法的根拠である。行政行為に先行する法律関係は、法規に直接基づいた高権担当者の高権的に活動できるという法的権限によって定まってくる。その存在は国が行動をなす実体法上の前提が存在しているかどうかという問題にかかっている。行政行為の発動で第二の公法上の法律関係が生ずる。これは最初のものと内的に連関しているが他の形をとって現れる。その場合には、関係人の国によって命じられた行動をなす義務が強調され、その義務の履行を要求し、必要ならば強制執行できる国の権利がこれに対応している。そこでは、行政行為が法律関係の発生要件であり、法的根拠なのである。関係人の法的な義務、つまりは行政行為に続く公法上の法律関係が存在するかどうかは、行政行為の有効性のみに依存していることになる。[27]

行政行為を前後として区別される二種の法律関係のうち、ここで関係のあるのは先行する法律関係で、しかも国の権利が内容となっているものである。国の権利は、それが法律状態の段階から生え出た場合に、関係人に対して存在するのであり、国と関係人との間に公法上の法律関係たる一つの関係を作りだす。いつ法律状態が終わって、いつ法律関係が始まるかは個々のケースでまったく不確定であるが、それでも、法律関係が生ずるのは行政行為の発動によるのを最初としないことだけは確かである。なぜなら、国のその発動の権限がまさしく行政行為の前提であり、理論的には先に存在しなければならないからである。(28)

法律によって定められた行政庁の法的な活動可能性は、一定の基点（Bezugspunkt）を経なければまだ法律関係というわけにはいかず、不特定の国民に対してただ理論的に存在する干渉可能性は、行政庁が個々のケースに関心を持ち始めたときに初めて具体的な関係となる。そのときには、行政庁は、行政行為を発動するために定められた前提が存在するかどうか、および特定人に対して活動する権利が行政庁に一般的に法律上授権されているかどうかを審査することになる。行政担当者が右の確信を得たときは、もはや将来の法律関係の可能性、つまり法律状態ではなくて、法律上の前提が生じたために不確かな可能性から生え出た、明らかに確定した具体的権利が問題となっている。それゆえに、一定の個々のケースにおいて高権的に活動するという高権担当者の真摯な意図は、法律状態を脱却して、差し迫った行政行為によって侵害される関係人に対して確認訴訟の出訴可能性を開くのである。(29)

原告は、予防的確認訴訟によって、国の権利がその内容となっている公法上の法律関係が存在しないことを主張するのであり、訴えのための権利保護の要件は行政行為を近い将来に発動するという意図に示された国の誇示（Berühmung）である。(30)

フェンゲの所説を右に縷縷述べてきたが、ナウマンは、[31] 抽象的法律状態を具体的法律関係に変えるところの行政庁の見解というものを必要としない。一般的法律状態は、行政庁が事件に関わり合おうとすることによっても、具体的法律関係に変えられるものでない、そのためには、法律があらかじめ定めた具体的要件が国と特定国民との間において充足されているということが必要でありかつ十分であるという。行政庁をしてまだ行政行為を発動せしめないが（行政庁には自分の考え次第ではそうする権限もあるのだが）、処分の発動につき警告、予告、告知、または、一定の法律関係が具体化したときには国民に対して適当と思われる手段をとるであろうという単なる通知（Kundgabe）にしても、行政庁をしてそれらを発動せしめるものが具体化であるといって、暗にフェンゲを批判して、次のように述べる。

国民に対して処置しようとする考慮が行政庁の内部にとどまっている場合でも、具体的要件の充足、すなわち国と国民との間の法律関係が存在しないとはいえないのであって、具体的法律関係は存在しうる。行政庁は、法律関係から正当化される行政措置を講じる旨を示すときがまだきていない、と考えているだけに過ぎないからである。国民がその時点で法律関係を裁判所で確認させることができるか否かは、権利保護の必要の問題である。行政庁が外部に向かって特に国民自身に対して、不利益処分を行うであろうこと、だがまだ行うつもりはないことを知らせる場合に、初めて行政庁は一般的法律状態を超えて処分権が生じたとみなしていることをほのめかしたのであり、権利保護の必要が認められる。この処分権は法律関係の存在が承認される場合にしか考えようがないからして、行政庁が不利益処分をほのめかさなくても、処分権があるということをほのめかした場合には、行政庁の処分権の不存在を確認したと主張する国民は、現実に処分が差し迫っていなくても、行政庁が不利益処分をそこから戒告する（androhen）法律関係が存在するのか否か、あるいは、存在するときはそれが行政庁の意図する処分を正当とするか否かを法律関係の確認をめぐる争いとして、裁判所に確認してもらうことが可能となるのである。(32)

五　おわりに

行政行為がなされる前であっても、法律が一定の要件に一定の効果を結び付けている場合には、その要件が充足されたときに、抽象的な法律状態が具体的な法律関係になるという点で、ナウマンとフェンゲは一致している。いつ確認訴訟を提起できるかという点では、若干異なっているが、これは権利保護の必要の問題であろう。私見を述べれば、法律関係の存在または不存在を確認するには、国民と国との間の法律関係が濃縮していることを前提としなければならない。さもなければ、法律関係の概念が広げられ過ぎるからである。確認に適さない抽象的な法律状態を限定するのに役立つ具体化は、たとえば将来の措置の予告のような無定形の方法であっても可能であろうと思われる。少なくとも、予防的確認訴訟が許容されるには、行政庁が原告に対して一定の措置を行うであろうと推定するに足る具体的原因が原告の側には存在するということでなければならないと思われる。(33)今日、ドイツにおいては、予防的確認訴訟の許容性は、ナウマンらの議論の甲斐があってか、確認訴訟の対象となる法律関係は行政行為がなされる前には存在しない、という理由では否定されない。確認訴訟を給付訴訟の補充的なものとして定める行政裁判所法四三条二項の規定との関連において、消極的な見解のあることは冒頭述べた。しかし、かかる論拠はわが国の抗告訴訟の仕組みとは関係ないところであり、述べてきたドイツにおける議論は、予防的確認訴訟の導入を図るに当たって大いに参考になるものである。

【注】

（1） たとえば昭和二年四月九日判決（美濃部達吉・評釈公法判例体系上巻六二八頁参照）。

（2） 市原教授は、法規がある処分をなすべきことを一義的に規定している場合に給付判決・確認判決を認め得るかという問題は国民の側に行政庁の一定の給付を請求する権利が認められるか否かにかかっていて、この点については結論的に言って消極的たらざるを得ないと主張された（市原昌三郎「行政事件訴訟における判決の効力」一橋大学創立八〇周年記念論集下二四四頁）。しかし、浅賀判事は、行政庁がある処分をなすべきことが一義的に定められているということから直ちに国民の側からの積極的な給付請求権を肯定することはできないが、右の場合には「行政庁ないし国に対し義務存在確認の訴訟を認むべきである」ことを主張された（浅賀栄・実務上から見た行政訴訟の争点（司法研究報告書第四輯第五号昭和二七年）一七頁）。

（3） Winfried Haug. Die neuere Entwicklung der vorbeugenden Unterlassungs-und der allgemeinen Beseitigungsklage. DÖV 1967. S. 86. Oskar Ruckdäschel. Vorbeugender Rechtsschutz im Verwaltungsprozess. DÖV 1961. S. 675.

（4） 白石健三「ドイツの行政裁判について」法曹時報九巻一一号二六頁、雄川一郎・行政争訟法一〇五頁に、簡略ではあるが要領よく紹介されてある。

（5） 東京地判昭和二八年九月九日行裁例集四巻九号二一七一頁、雄川・前掲書一〇三頁、南博方「行政事件訴訟特例法改正要綱の検討と批判」民商法雑誌四四巻四号五六九頁。ちなみに、南教授は、抽象的な作為義務の確認を求める訴訟において、訴訟の対象となるべき具体的な法律関係が存在するや否や、換言すれば、確認の利益ありや否や疑わしいものがあると主張されている。

（6） Hamb VG. 24. Apr. u. 11. Sept. 22. Hans RZ. 1923 Sp. 388.　なお上記資料入手不能につき、Walter Jellinek. Verwaltungsrecht 3. Aufl. S. 191 を参照した。

（7） 一九二五年のライプツィヒにおける国法学会での報告（Vgl. Richard Naumann. Vom vorbeugenden Rechtsschutz im

Verwaltungsprozess（Gedächtnisschrift für Walter Jellinek） S. 391（392））。

（8） Walter Jellinek. Verwaltungsrecht 3. Aufl. S. 191ff.

（9） Jellinek. a. a. O. S.191.

（10） イエリネックは、このことを判例（キール世界経済協会事件）を批判的に引用して主張したが、そこでは、行政庁が協会の売店営業は許可を必要とするということを単に忠告した段階で、確認訴訟が許されるかどうかが争われた（Vgl. Oskar Ruckdäschel. Vorbeugender Rechtsschutz im Verwaltungsprozess. DÖV. 1961. S. 675（676））。

（11） Naumann. a. a. O. S. 392.

（12） Horst Fenge. Die verwaltungsgerichtliche Feststellungsklage bei drohenden Verwaltugsakten. DÖV 1956. S. 392（393）.

（13） Karl Ringe. Zur Unterlassungs-und Beseitigungsklage bei Verwaltugsakten und einfachen Verwaltungshandlungen. DVBl. 1958.S.3 78.

（14） Urteil des Oberverwaltungsgerichts Lüneburg vom 28. 6. 1951. DVBl. 1951. S.609.

（15） 原告に対する将来の一定の侵益的行政措置を排除する確認判決であるが、積極的確認訴訟（これによって不作為請求権が確認される）でない場合には、将来的措置の禁止は確認判決の確定力から直接生ずるものではない。なぜなら、国民の一定の将来的行政措置の不作為請求権は裁判されていないからである。しかし、少なくとも、間接的には国が国民に対して一定の行政措置の挙に出てよいかどうかという答えは確認判決から明らかになることは否定しがたい。しかし、将来の侵益的行政行為を予防する効果を実質上確認判決が有するにしても、それが観念的な確定力でしかないがために、民事訴訟上の原則を転用すれば、給付訴訟すなわち一定の行政措置の不作為を求める訴えの手段を原告がとり得る場合、確認判決のための権利保護の必要が肯定されないであろうという疑いが生ずる。特にこのことは一九六〇年の行政裁判所法四三条二項が明示的に確認訴訟を給付訴訟の補充物として定めているために重要である。ナウマンは、給付訴訟を提起できる場合であっても、被告が確認判決に従うことが明らかな場合には、確認訴訟が許されるという民事訴訟におけるローゼンベルクの見解を引用して、このことは、行政訴訟においても、確認判決の趣旨に従えば許されない侵益的行政行為を被告が確認判決に基づいて将来中止することが認められる場合には、妥当するという。そして、行政訴訟では国が被告であるからして、右のような仮定は、通例、適切であるという（Naumann, a. a. O. S. 402ff）。ナウマンが主張するように、確認判決の観念的な確定力が不作為判決と同様の効果をもつことは否定できないところである。しかし、このために、確認訴訟が不作為訴訟にもかかわらず許容される、ということに対しては批判がなされている。たとえば、シェンケ（Wolf-Rüdiger Schenke）は、ナウマンが引用した民事訴訟における支配的見解に対して、給付訴訟に対する確認訴訟の補充性が法律に明定されていない民事訴訟法と行政裁判所法とを同次元には語れないことを提示している（Wolf-Rüdiger Schenke, Vorbeugende Unterlassungs-und Feststellungsklage im Verwaltungsprozess, AöR 1970, S.223（255ff））。しかし、シェンケの批判的見解はドイツの行政裁判所法四三条二項との関連において妥当することであり、わが行政事件訴訟法の事情とは異なるので、ここでこれ以上深入りしないことにする。

(16) Naumann, a.a.O. S. 394.
(17) Naumann, a.a.O. S. 395ff.
(18) Vgl. Naumann, a.a.O.S. 397.; Ruckdäschel, a.a.O. S. 680.; OVG Münster v. 19.8.1953 DÖV 1954, S. 57.
(19) Naumann, a.a.O. S. 397, 398.
(20) Fenge, a.a.O. S. 392.
(21) Naumann, a.a.O. S. 398.; Ruckdäschel, a.a.O. S.679.
(22) Fenge, a.a.O. S. 392.
(23) Naumann, a.a.O. S. 399.
(24) Naumann, a.a.O. S. 400.
(25) Naumann, a.a.O. S. 400.
(26) Naumann, a.a.O. S. 400.
(27) Fenge, a.a.O. S. 392, 393.
(28) Fenge, a.a.O. S. 393.
(29) Fenge, a.a.O. S. 393.
(30) Fenge, a.a.O. S. 393.

(31) Naumann. a.a.O. S. 400.

(32) Naumann. a.a.O. S. 401.

(33) Vgl. Fenge. a.a.O. S. 392ff.; Haug. a.a.O. S. 86ff.; Naumann. a.a.O. S. 391ff.; Ringe. a.a.O. S. 378ff.; Ruckdäschel. a.a.O. S. 675ff.; Schenke , a.a.O. S. 253ff.

（関西学院大学　法と政治　第二四巻第一号　一九七三年）

Ⅱ　違法性承継の理論

第一章　行政行為における違法性の承継

一　はじめに

違法性の承継の問題として議論されるのは、行政行為そのものに一応瑕疵がないのに、その行為に先行する行政行為に瑕疵があるために、後の行為がその瑕疵を承継して瑕疵ある行政行為とされるかどうかの問題である。周知のことであるが、行政行為は、それが法的要件を備え効力を有するか否かが疑わしいときでも、原則として、権限ある行政機関または裁判所によって正規の手続で取り消されるまでは、一応有効なものとして通用し、相手方その他の者は、その効力があることを否認できず、それに不服ある者は行政機関に対する不服申立てや取消訴訟を提起してその取消しを求めなければならず、法律上定められた争訟提起期間を徒過すると、もはやこれを争うことができなくなる（行政事件訴訟法一四条）[1]。

先行の行政行為が無効である場合は、後の行為も無効とされ[2]、また、先行の行政行為が取り消しうべき行政行為である場合には、それが違法な処分として取り消されれば、後の行政行為もまた取り消しうべき行政行為とされるということについては議論がなく、行政行為は適式にこれを争う限りにおいて、その行政過程の展開を阻むことができる。そこで、典型的に問題となるのは、後行行為の取消訴訟において、すでに出訴期間を徒過して不可争力を生じて確定した先行行為の違法を主張して、後行行為の取消しを求めることができるかということである。(3)

すでに指摘されているところであるが、相関連するいくつかの別個の行政行為が存在する場合に、その基礎となり前提となっている先行行為に取り消しうべき瑕疵があれば、後行行為が常にその違法を承継して瑕疵ある行為とされると考えることは、行政上の法律関係はできるだけ早期に確定して安定を図るべきという要請、言い換えれば、争訟提起期間を制限した実定法の趣旨と相容れるものでなく、法律秩序維持の面で問題があり、また逆に違法性の承継を全面的に否定することは、ときに個人の権利保護の途を不当に不必要に制限する結果を招くおそれがある。(4)

ここにおいて、違法性の承継の理論は、法律状態の安定と個人の権利保護という二つの異なった要求を調和させるために、一定の範囲において、すでに不可争力の生じた先行行為の違法を後行行為を争う訴訟において主張することを認めるわけで、優れて機能的な理論であり、法理そのものを否定する論者はいない。問題は、いかなる範囲において認めるかということになるが、右の異なった二つの要求について発見されるべき調和点は、素人論を超えて論理的に筋道を通して見いだされるべきであることは当然として、その論理的帰結も社会的常識から逸脱し、平均人の正義感に反するものであってはなるまい。(5)

二　旧承継理論

議論を進める上で、若干の具体的事例を挙げれば、学説、判例は、自作農創設特別措置法（以下自創法）による買収計画と買収処分、事業認定と収用委員会の収用裁決との間に違法性の承継を認め、租税賦課処分と滞納処分、本来の納税義務者に対する課税処分と第二次納税義務者に対する納付告知との間に違法性の承継を認めないのが一般的である(6)。

これらの具体的事例において、違法性の承継の有無を決する基準となったのは、主として、美濃部博士の説(7)に由来する考え方で(8)、これによれば、一般に、相連続する二つ以上の行為が結合して一つの法律的効果の発生をめざしている場合、言い換えれば、二つの行為が同一の目的を追求する手段結果の関係をなして相連続して行われる場合には、違法性の承継を認めるべきである、とされるのに対して、各行為がそれぞれ一応別個の法律的効果の発生を目的とする独立の行為である場合には、互いに関連するところがあっても、先行行為の違法性の承継は認めるべきではないと主張される。そこでは、基本的には、先行行為と後行行為の目的および関連から、違法性の承継が認められるか否かが判断されて、手続法的な考慮が等閑に付されていることは否定できない(9)。便宜的に、旧承継理論と呼ぶことにするが、要件を定式したこの旧承継理論が、従来の判例のなかには不必要に違法性の承継を認め、しかもその間に何ら一貫性の認められないように解されるものが多いという印象がもたれていた状況下において(10)、解釈論的に一般的基準を設定した点は高く評価される。

自創法による農地買収は、市町村農地委員会のなす買収計画の樹立および公告（同法六条）、買収計画に対する都道府県農地委員会の承認（同法八条）ならびにこの承認のあった農地の所有者に対する都道府県知事の買収令書の交付（同法九条）という一連の処分によってなされた。買収計画に対しては、自創法に不服申立ての規定があるため、行政事件訴訟特例法の訴願前置主義の適用があって、不服申立手続を経なくては出訴することができなかったわけであるが[11]、不服申立期間を徒過した後に、買収計画の違法を理由に買収処分の取消しを求めうるかどうかという問題について、旧承継理論は、右の三段階の手続のすべてがその性質からして農地買収を究極の目的とする一連の手続であって、各々はそれ自体のみでは完結的な独立の行政処分として存立しえず、連続して行われて初めて農地買収という一個の法律的効果を生ずるとの考慮の下に、前述の定式した要件に照らして、買収計画と買収処分との間に違法性の承継を認めていたわけである[12]。

旧承継理論は、その定式化した要件を充足するか否かを主として問題とし、訴願前置主義の法制の下に、自創法が先行行為たる買収計画にのみ不服申立てを要求した事実に対する評価をなおざりにしたのであるが、注目されるのは、この時期にあって、買収計画の段階にのみ異議訴願を許容していた事実に依拠して、異なる見解が提示されたことである。

第一に、自創法においては計画機関（農地委員会の系統）と執行機関（都道府県知事）とが分離されていることに着目し、これと右に述べた事実に依拠して、重要なのは農地委員会の決定承認する買収計画であって、買収令書の交付は買収の効果を生ずるものと定められているけれども、買収令書の実質は買収計画を通知するものであるに過ぎないとして、買収計画と買収処分との間に違法性の承継を認めない須貝教授の見解である[13]。説得力のある論理の展開であるが、買収計画に対する異議申立期間が買収計画の公告縦覧の初めから十日間（自創法七条）というのは、訴願前置主義の下にあっては極めて短い期間であって、しかも買収計画の段階では通知の規定がないことを考慮に入れると、在村地主の農地買収の場合は別として、不在地主の場合には、この公告に気付かずに異議申立期間を経過してしまうおそれが多分にあるわけで、買収令書の交付を受けて初めて買収の事実を知って出訴する場合も、一切合切含めて、承継を認めないとするのは平均人の正義感に反するのではないかと危惧される。

第二に、法治主義の建前からいって、法が明示的に違法性の承継を遮断するというのであればもはや議論の余地がないのであるが、自創法が買収計画の段階にのみ異議訴願を許容していた事実が、法関係のより早い確定を目的とし、承継を遮断したものであると解されるならば、買収処分の段階で買収計画の違法を争うことを許すことは、右の目的に合致しないことになる。かかる問題提起において、旧承継理論の結論を支えられたのが山田博士で、博士は、このような疑念を解決するに当たっては、「現在のわが国の行政訴訟制度全体から論ずべきであり、また、その外ない」という基本的姿勢から、買収除外の指定を行政庁が行うべしという裁判上の請求は果たして許容されるのか、また、買収除外の指定がなされなかったことを理由に国の不法行為責任を追及することは果たして容易であるか、の二点を考察して、その何れもが、法律上、許容されず、あるいは、実際上困難であるとの判断の下に、先行行為の実体における違法性が後行行為の違法性を結果することを認めることが、救済の徹底をわが国法の下で期するために必要であると主張された[14]。示唆に富んだ見解であるが、自創法の趣旨は奈辺にあるやについて、その直截的な考察から離れて、被買収者の実質的救済手段の有無より判断して、右の主張をされるわけで、自創法の趣旨が買収計画の絶対的安定を図ることにあると見るか、または相対的安定を図ることにあるに過ぎないと見るかについては、山内教授も指摘されるように[15]、なお絶対的安定を図ることにあるとする見方もあながち排斥するわけにはいかないわけで、この見地に立てば、違法性の承継を主張することは許されないことになる。

興味深いのは、旧承継理論が、先行の買収計画に対して異議訴願を提起して異議決定または訴願裁決が確定した場合には、これに判決と同様の実質的確定力を認めて、違法性の承継を否定する点である。[16] もっとも、先行行為に対する異議・訴願を棄却する決定・裁決が確定した場合にも、遠藤教授が指摘されるように、[17] ①行政庁の判断である上、手続等の保障も十分ではない、②最初から異議・訴願をしない場合と比較して不利とすべきではない、③棄却の判断には一般的に適法と確定する効力はない、少なくとも当事者主張の事由に限定される、④異議・訴願も、正式な争訟というよりは、最終処分からみれば事前手続の一種であり、私人のプラスに簡便な争訟の手段を認めたに過ぎないなどの理由から、これを一般論として認めることには批判がある。しかし、自創法による買収計画と買収処分との間に関しては、異議・訴願に基づく決定・裁決が確定した場合にまで承継を認めることは、法律状態の安定と個人の権利保護の機能的調和という違法性の承継理論の成立根拠よりして、なお疑問が残ることは否めない。[18]

自創法は、その三条で左に掲げる農地は政府がこれを買収する、また、五条で左の各号の一つに該当する農地については、政府は三条の規定による買収をしない、と規定して買収の実体要件を定めており、それから、買収するのに買収計画を定め（同法六条）、買収令書を交付する（同法九条）ものとしていた。農地買収のときには、自創法三条の要件を満たしていることが買収計画の要件であるとともに、買収処分の要件になっており、したがって、買収計画の違法事由のうち、あるものは買収処分に共通するわけで、違法性の承継の理論をもち出すまでもなく解決できる可能性がある。

右の事実に着眼した画期的な判例が最高裁昭和二五年九月一五日判決である。[19] これは、自創法五条に違反して買収すべきでない農地について買収計画を立て、これに基づいて買収処分を行ったときは、被買収者は買収計画に対する不服の申立ての権利を失った後でも、なお買収処分の取消訴訟において買収計画の違法を攻撃できる旨を判示する。その説くところは、五条の違反は、買収計画と買収処分に共通の違法事由であり、被買収者が買収計画に対して争訟をもって争わなかったとしても、その内容は違法でないと確定するものではないし、知事も独自の権限によって、右計画の適否を判断したうえで買収処分をするものであるから、前者の処分に対し攻撃する機会を失っても、後者の処分についてその違法を攻撃できないものではないという点にある。すなわち、この場合は、後行行為自体にも瑕疵があるのであって、これを争うことは同じ違法をもつ先行行為の不可争力によって妨げられるはずはないと解するものであり、後行行為自体に瑕疵がなくても先行行為に違法があれば、後行行為を適法には成立せしめないとする違法性の承継の理論とは、異なる。[20]

いかなる自創法の規定違反が買収計画と買収処分に共通して違法となるか、問題は残るが、承継理論とはずれるので、これ以上立ち入らないが、付言すると自創法三条、五条のごとき実体的規定違反が先行行為と後行行為に共通して違法となると解する見解と、[21]一般的に、後行行為を行う行政庁が先行行為の適法性に関する審査権を有する場合に、審査権行使の結果、違法な先行行為を是認し、それに基づいて後行行為がなされた場合には、先行行為の瑕疵は同時に後行行為自体の固有の瑕疵となると解する見解[22]があって興味深い。ただ、こうした理論は右最高裁判決の共通違法事由の論理において必要とされるのであって、違法性の承継の理論に限定すれば、特に、審査権限の有無は、行政部内における権限分配の問題であるに過ぎず、私人が行政の行為を争う立場からは、決定的な意味をもつものではない。[23]

右最高裁判決に対しては、これを全面的に支持する見解があるかと思えば[24]、批判的見解も散見される。訴願裁決の確定後の事件であることを理由にする旧承継理論の側の批判と、[25] 自創法が買収計画についてのみ異議・訴願手続を設けていることを重視して、「判旨の如く違法が共通するのは論理上そのとおりであるが、それでもなお、自作農創設特別措置を実際上二重の危険にさらすことは法が最もいとうているところである」とする批判[26]であって、特に後者については、自創法の趣旨は、異議・訴願手続を設けることによって買収計画を確定させるところにあるという、手続法的考慮の下に構成されているかと窺えて、注目される。

三　新承継理論

行政行為は、これを適式に争えば、およそ問題は生じないのであるが、一度出訴期間を徒過すると、公定力の限界をめぐる難解な問題を生ぜしめる。[27]

周知の通り、行政事件訴訟法（以下行訴法）は、訴訟類型の一つとして抗告訴訟を挙げ、その中に行政庁の処分または裁決の取消しを求める訴えとしての取消訴訟というカテゴリーをおいて、これを中心に諸種の定めをおいている。その際、行訴法は、この訴訟によってのみ処分の効力を取り消しうべきものであるとは、明文では要求していない。しかし、法が、あえて、一般の紛争解決の手段と異なり、紛争の原因となった行政庁の行為それ自体の取消しを求める訴えの制度を作り、この訴訟に関して種々の規定をおいた趣旨から私人は、一応、この訴訟のみを利用すべきであるというシステムを実定法が採用しているとみるのが素直な考え方であって、これが取消訴訟の排他的管轄と呼ばれているところである。[28] ここから、権限ある行政庁を除いて、行政行為は取消訴訟によってのみ、そして、取消判決によってのみ取り消されるのであるから、それまでは、たとえ違法であっても、その効力を維持することになり、その効力を否定しうるのは、当該取消訴訟を審理する裁判所に限定されるのであるから、それがなされるまでは、その他のすべての者に対しても、行政処分の効力が及ぶということが導きだされる。[29] つまるところは、行政行為の公定力として構成される法概念も、実定法のシステムを前提として、これを行政行為の効力の面から捉えたものということができる。[30] さほどに、公定力に関する基本的システムそのものは、比較的単純なのであるが、行政行為を契機として生ずる紛争は、これを機械的に適用して解決しうるほどに単純なものではなく、最終的な権利義務関係の形成消滅に至るまでに、複数の行政主体の行為が介在し、その各々が行政庁の一方的行為としての行政行為適格性を有する場合に生ずるのが、他ならぬ違法性の承継の問題である。

ところで、公定力の法理について、行政権優位の憲法構造を背景とした明治憲法下の行政法学におけるように、公定力を公権力の本質に由来する行政行為の内在的効力として捉え、その実質的意味をつねに適法性の推定ということと結び付けて理解する考え方が、公権力の優越性を不動の前提とした行政国家的思想の残存にほかならないとして批判され、右に述べたように、公定力も実定法の創造物であり、本質的に手続法的な効力であることを強調し、その内容、範囲を確定するに際しては、憲法に即して機能的に考察するという傾向が一般的になるにつれて、[31] 権利保護の要求と出訴期間制限による法的秩序維持の要求とを調和せしめる違法性の承継の理論の領域においても、前述した定式の要件によって承継の有無を判断するところの、ある意味で手続法的な考察に配慮を欠いていた旧承継理論に対して、疑問ないし批判が提示されることとなった。

たとえば、旧承継理論によれば、課税処分と滞納処分とは法律的効果を異にする別個の手続であって、その定式の要件を満たさず、前者の違法性を後者は承継しないとされる。しかし、現実に徴収するか、あるいは相手方がどうしても納めなければ滞納処分で強制徴収するかしないと、結局賦課をしただけでは目的を達しないということになるわけで、税金を取るという面からいうと、結局、その一つの目的を追求する手続だといえるのではないか、という素朴な疑問は否定し難いわけで[32]、課税処分と滞納処分は考えようによっては、旧承継理論の提示する「相連続する二以上の行為が結合して一の法律的効果の発生をめざしている場合」、または「先行行為と後続行為とが一の目的の実現をめざす同一の手続に属する場合」であるといえるのではないかと思われ、旧承継理論の提示する区別の基準は、承継の認められる諸事例をうまく説明できるが[33]、山内教授の指摘されるように承継の有無を判断するに、それは、観念的であり、あいまいであるという批判を免れ得ない[34]。違法性の承継の主張を許さないとするためには、なおその理由を実質的に解明する必要があるわけで、ここに、公定力の本質についての考え方の変化に対応して、新しい判断の基準が提示されることとなった。これを、仮に新承継理論と呼ぶことにする。

新承継理論は、違法性の承継という言葉によって提示されている現象に、解釈論上いかなる構造を見いだすのが妥当であるかということを検討することから、おおむね出発する。ここで示唆的なのは遠藤教授の見解であって、実体法的側面と手続法的側面とに分けて分析される。

教授は、まず、違法性の承継の問題を「本案請求との関係において、具体的違法事由がどのような意味をもっているか、という先決性の判断」の問題であるとされ[35]、先決問題として行政行為の違法を主張することの許否の問題についても、「基本的なところは、実体的な法律関係において決定されているのであって、そこで本案たる法律効果とまったく関係がなければ、先行行為の違法をもち出す余地は最初からないわけである」と主張される[36]。さらに興味深いのは、教授が、問題の中心がなお「実質的には権利保護の要請と法的安定の要請の調和」にあるという旧承継理論と共通の立場から出発して、「先行処分の違法性を主張せしむる必要性は、基本的には実体法上の具体的法律関係によって定まるのであるが、同時に手続法的にも、当該訴訟の先決問題においてその主張を認めなければ権利救済の要請に十分応えることができないという場合について従来これが認められてきた」と分析される点である。(37)

小早川教授は、遠藤教授の説を支持して、行政行為の違法の有無が一定の訴訟において先決問題として審理されるべきか否かを論ずるに当たっては、一方では、問題となっている具体的な違法事由すなわち一定の法律要件の存否と、本案請求（または抗弁）との間の実体法上の先決関係の有無の判断が、他方では、それとは別個の手続法的な考慮が、それぞれ必要であると考えられる。(38)一方、山内教授は、後行行為の効力が実体法上先行行為の効力に依存する場合には、法論理的にいえば、先行行為の瑕疵は後行行為に承継されるが、行政行為を取消訴訟の排他的管轄に服させる理由のうちに、違法性の承継の主張を許すことを不合理とするものがあると主張されているが、(39)基本的には、遠藤・小早川教授と同趣旨であると考えられる。

旧承継理論では、先行行為と後行行為とがそれぞれ別個の効果の発生をめざすものである場合には、違法性の承継が否定され、課税処分と滞納処分との間がそれと説明される。新承継理論では、先決関係を構成するや否や、すなわち、実体法上の先決関係の有無の判断プラス手続法的な考慮により判断せられる。小早川教授は次のように分析される。(40)

滞納処分の取消訴訟において課税要件の不存在が主張された場合には、まず、課税要件を備えていない者から税金を強制徴収することは許されない、という常識的な判断から出発すべきである。そのことは、課税要件の存否が滞納処分の取消請求に対して実体法上の先決関係を有することを意味しよう。これに対して、手続法的には、課税要件の存否に関する争いの早期確定と滞納処分手続の安定を考慮して、滞納処分取消訴訟においては、右のような実体法上は先決関係があるにもかかわらず、課税要件不存在の主張をもはや許さないとする政策的選択もありうる。課税要件の誤認という課税処分の瑕疵について滞納処分への承継を否定するのは、右の選択の結果にほかならない。

小早川教授は、右の説明を課税処分の本来の効果を後の訴訟において通用せしめる公定力とは別個の課税要件の存否の主張に関する遮断効果が課税処分に結び付けられていることの結果として理解される(41)。

ここで公定力の理論に詳細に立ち入る余裕も、また、遮断効果の概念に立ち入る余裕もないが、新承継理論において、基本的に重要なのは、最終的行為を待って完成される法律的効果の方より考察して、まず、これを違法ならしめる諸事由を探求することによって一定事由に至り、ついで、それが先行行為の違法を構成するものであるとの筋道であって(42)、厳密には、旧承継理論のように、先行行為（の適法性一般）ではなく(43)、その特定の法律要件が後行行為の取消請求に対して先決関係を有するか否かが問題になる。新承継理論にとって、「違法があっても有効なもの」として先行行為が後の訴訟において通用する意味での公定力は、課税処分を例にとれば、課税処分の存在が国の徴収権行使の要件であり、それによって滞納処分はその前提を与えられるということであって、課税処分がその適法・違法はともかくとして一応存在する場合には、滞納処分をその前提に欠けるとして違法視することはできないとの意味にほかならない(44)。

遮断効果の概念について興味深いのは、森田教授の考えで、小早川教授が承継の問題を論ぜられるとき、〝遮断効果がある〟という言葉は、〝違法性が承継されない〟ということを単に言い換える言葉として用いられており、また、違法性の承継の問題は、「先決関係の有無」に関して「有」と判断したうえで生ずる問題であるから、「先決関係の有無の判断」は違法性の承継の認否を判定するうえの視座たりえないと批判される[45]。承継の問題に限定して言えば、〝遮断効果がある〟という言葉は、森田教授の指摘されるとおりであるが、後段の批判に関しては、なるほど教授の指摘されるように、違法性の承継の問題は「先決関係の有無」に関して「有」と判断した後に生ずる問題であるが、旧承継理論との関連において承継の認められない事例について、承継の可能性を広げるべく現れてきた新承継理論の史的意義は理解されるべきで、違法性の承継の認否を判定するうえでの視座たりうるかと問われれば、視座たりうるといわねばなるまい。

先決関係の有無の判断と手続法的考慮より、違法性の承継の許否を決する新承継理論が課税処分と滞納処分との間に違法性の承継の主張を許さない理由は、山内教授の表現を借りれば、「賦課処分を取消訴訟の排他的管轄に服させる趣旨は、その公定力によって滞納処分の効果を保護することにあるものと見るべきだからである」[46]。簡明に過ぎるので、小早川教授が公定力の内容ないし効果に含めるかはもとより言葉の問題とされる教授の遮断効果の概念をもって補えば、「課税要件の存否に関する争の早期確定と滞納処分手続の安定を考慮」して、政策的選択の結果として、課税処分に遮断効果が認められるからにほかならない[47]。

教授によれば、遮断効果を認めるとする政策的選択は、先行処分（課税処分）の早期確定と後行処分（滞納処分）の安定を考慮した結果として採用されているのであるが、こうした配慮は連続してなされる行政一般に要請されることであって、遮断効果を認めるや否や、すなわち、違法性の承継を遮断するや否や、果たしてその政策的選択が奈辺にあるやについて判断する基準としては、特に新しい指標がそこに提示されているわけではなく、なお明確性に欠ける。そこで、残る問題は、課税処分については、その政策的選択は遮断効果を認めることにあるとする解釈をとりうるかどうかということになるが、この点を手当てして、教授は、「現行法は、課税処分につき、場合によっては理由付記を要求し、また、つねに通知書の送達をその成立要件とし、かつ原則として二段階からなる不服申立制度を設けて取消訴訟手続に接続させているが、課税処分がなされた段階で不服を主張させ、処理させるための制度が、このように一応整備されていることは、右の解釈を取りうるための基礎を提供している」、と補充的に説明される。(48)

論理明快で、深く共鳴されるが、筆者は、その整備された存在のゆえだけでなく、それを前提に、それを利用しなかった落度のゆえに、違法性の承継を遮断せんとする政策的選択がなされているものと解する。すなわち、課税要件の存否を問わずに、処分を適法なものとして通用せしめ、それを出訴期間を限定した取消訴訟の排他的管轄によらしめる現行制度において、違法性の承継の許否の判断は、先行処分の違法を適式に主張しえなかった事情を法的安定の要請と権利保護の要請との狭間において、合理的に考慮して確定すべきであり、滞納処分の取消訴訟において課税要件不存在の主張が認められないのは、実に、財産権の侵害（課税処分の通知書の送達）を受けて、漫然として救済の手続をとらず、これを看過したがゆえであって、課税処分に整備された救済制度が存することを基礎に手続法的考慮の下に、政策的選択の結果として違法性の承継が例外なく一律に遮断されるのではなくて、個別的に、右の事情から右の者に対して、国をして税金を迅速かつ確実に収受し保有せしむべく承継が遮断されるにほかならない。(49)

四　おわりに

違法性の承継の理論が問題にされる多くの事例で、新旧の承継理論によって結論の分かれる可能性のあるのは、差し当たって、買収計画と買収処分、本来の納税義務者に対する課税処分と第二次納税義務者に対する納付告知のケースが考えられる。前者については、すでに法制の変わったことでもあるから、後者についてのみ論及することにする。

周知のことだが、税法は、租税の徴収を確保するために、本来の納税者の財産につき滞納処分をしても徴収すべき租税に不足すると認められる場合には、法律が本来の納税者と一定の関係にある者として規定した第三者（以下第二次納税義務者という）に対し、本来の納税者（以下主たる納税義務者という）から徴収できない額を限度として補充的に納税義務を負わせる、という「第二次納税義務制度」を導入している（国税徴収法三二条以下、地方税法一一条以下）。

ここで従前より議論されることは、第二次納税義務者が、訴訟において、自己の第二次納税義務を免れるために主たる納税義務の存否または額を争うことの可否である。具体的には、①第二次納税義務者が、自己の第二次納税義務の納付告知（以下第二次納付告知という）を争う訴訟において、主たる納税義務者に対する課税処分（以下主たる課税処分という）の違法を争えるかということ、そして、②第二次納税義務者が主たる課税処分自体をとらえて争う原告適格を有するかどうかということである(50)。

第二次納付告知の取消訴訟で問題となるのは、主たる課税処分と第二次納付告知との間に違法性の承継が認められるかということである。

旧承継理論はこれを認めない。その根拠は、主たる納税義務者と第二次納税義務のそれぞれの種類に応じて何らかの密接な関係に立っているのであるから、第二次納付告知は、主たる納税義務者に対する賦課徴収から区別された独立の負担を課する実質を持たないわけで、主たる課税処分により確定した主たる納税義務の徴収手続上の一処分としての性格を有し、第二次納税義務者はあたかも主たる納税義務について徴収処分を受けた主たる納税義務者と同様の立場に立っている、という考え方に求めることができる[51]。そうである以上、課税処分と滞納処分との間に違法性の承継が認められない原則から、主たる課税処分と第二次納付告知との間に違法性の承継が認められないとの結論が導き出される。

新承継理論も、主たる課税処分と第二次納付告との間に違法性の承継を認めない。ただし、注目されるのは、主たる納税義務者については主たる課税処分の違法をその段階で争うための制度が整備されているのに対して、第二次納税義務者については適時に不服を主張しうる機会を設定した制度的仕組みが設けられていないのであるから、整備された救済制度を前提に政策的選択としての課税処分の遮断効果を認める新承継理論が、旧承継理論と結論を同じくするとしても、「それは、第二次納付告知も徴収手続に属し、かつ、一般に課税手続と徴収手続との間には違法性の承継はない、という理由からではない[52]」とされる点である。

主たる課税処分に対して第二次納税義務者が適時に不服を主張しうる機会を制度上設定しておくべきはずなのに、そのような制度的仕組みが設けられていない[53]、という認識に立つ以上、筆者には違法性の承継が認められてしかるべきものと思料されるのであるが、新承継理論は承継を認めない。その理由として「第二次納付告知は主たる納税義務の賦課徴収手続とはその当事者を異にし、それぞれのよって立つ法律関係を異にする」と主張する[54]。これが、今井弁護士の表現を借りれば[55]、先行する課税処分と納付告知との間には、その処分の相手が異なるから、いわゆる違法性の承継の問題は起こり得ないということであるならば、論理の構成は、処分の相手方にのみ要求せられる筈もなく、処分行政庁の異なる場合についても同様であって、そうであれば、新承継理論が事業認定の遮断効果を否定し、事業認定要件の欠如を理由とする収用裁決の取消訴訟を許す[56]こととの論理的整合性の理解に苦しむ。

旧承継理論は、違法性の承継を否定する代わりに、主たる課税処分の取消訴訟の原告適格を第二次納税義務者に認める。しかし、この訴訟を許すとしても、主たる課税処分当時、主たる納税義務者と第二次納税義務者との間に一体的な関係が存在しないか、または失われている場合には、かなり問題が残る。

たとえば、出訴期間一つにしても、主たる納税義務者に対して処分が通知されたときを基準にするのであれば[57]、主たる課税処分に際しては第二次納税義務者に通知がされないので、多くは、出訴期間を徒過してしまうおそれがある。したがって、第二次納税義務者に主たる課税処分の取消訴訟が許されるといっても、個別的に違法性の承継の理論で、第二次納付告知の取消訴訟において救済を図るのが適切と思われる余地は依然として残る。

また、出訴期間について第二次納税義務者が主たる課税処分を知った日を基準にするというのであれば[58]、事実上、第二次納付告知がされた日ということに帰着するが、これについては、新承継理論の側から、このように時機に遅れた課税処分取消訴訟を許すことは、徴税行政の安定と能率を危うくするものであり、現行制度の予想するところとは考えられないという適切な批判があって[59]、ここでも、筆者には第二次納付告知の取消訴訟で主たる課税処分の違法を主張せしめるのが適切と思料される。

さらに、旧承継理論は承継を否定することによって、第二次納税義務者に救済手段がなくなることを憂慮して、第二次納税義務者に主たる課税処分の取消訴訟の原告適格を認めるのであるが、これは承継の許否を先決関係の有無と手続法的考慮の下で判断する新承継理論よりすれば、まったく逆の論理で、まさしく、旧承継理論の立場そのものが、違法性の承継を認めるという政策的選択を推測せしめる基礎を与えるものと筆者には理解されるのであるが、先に述べたように、新承継理論は承継を認めない。

そこで、新承継理論は、ひとひねり工夫した論理によって第二次納税義務者を救済せんとする。

もともと、第二次納付告知の要件と解される〝主たる納税義務（にかかる滞納）〟の意味の問題については、二つの理解がありうるわけで、一つは、確定納税義務説と呼ばれるもので、申告ないし課税処分によって確定された税額を内容とする納税義務と解する。[60]これに対して、客観的事実および法の正当な解釈・適用に基づいて認定されるべき納税義務の意味にとる余地もあるわけで、客観的納税義務説と呼ばれている。[61]注目すべきは、後者の客観的納税義務説で、これによれば、主たる課税処分によってありとされた納税義務が客観的には存在せず、あるいはその客観的な額が右処分によって確定された額よりも少ない場合には、右処分を基礎としてなされた第二次納付告知は違法となる。しかも、それはまさに第二次納付告知の固有の要件に関する瑕疵にあたるわけである。小早川教授は客観的納税義務説に依拠されて、最高裁昭和二五年九月一五日判決の採る共通違法事由の論理によって、第二次納税義務者は第二次納付告知の取消訴訟で主たる納税義務の存在・額を固有の瑕疵として争うことができると主張される。[62]

「確定納税義務説」と「客観的納税義務説」の何れに与するかの議論は、違法性の承継の問題とはずれる。ただ後者に依拠すれば、共通違法事由の論理で承継の理論と同様の結論が導きだされるが、そのゆえをもって、違法性の承継を否定する理由にはなるまい。極めて、紛争解決機能のある論理であるが、あえて少数説の客観的納税義務説に与し、かつ旧承継理論説とも思われる論者の公定力を根拠にする反論[63]に対して、公定力の及ぶ範囲の問題として手当てされるのであるならば、むしろ違法性の承継を認めるべきであると思料する。[64]

許された紙面も尽きたので結論を急ぐことにするが、最終的な権利義務関係の形成消滅に至るまでに複数の行為が介在する場合に、法が明示的に違法性の承継について定める場合は別として、違法性の承継の許否の判断は、法的安定の要請と権利保護の要請との狭間にあって、先行行為が不可争力を生じて確定した事情を個別的に考慮して行わなければならない。[65]

旧承継理論が提示する定式の要件の充足如何によって、あるいは、新承継理論の主張するように、先行行為に対する整備された救済制度の有無を基礎にそれと連結した政策的選択の結果として、二者択一的に、承継の許否が一律に決せられるのではなくて、後行行為の取消しの訴えにおいて、先決関係にある不可争力が生じて確定した先行行為の違法の主張をなしえないのは、それに対する整備された救済制度が存するがゆえの政策的選択の結果だけではなくて、それを前提として、権利の侵害に直面してその整備された救済制度を利用せず、ただ漫然として出訴期間を徒過した責任ゆえに、個別的に、その者に対して違法性の承継が遮断されるものである。もとより、先行処分に対する直接の争訟手続を利用しなかったことが、ただちに間接的争訟の途を閉ざすという失権的効果を伴うものではないが[66]、権利侵害を内容とする処分の通知を受けて、権利防衛の措置を講ずるのが自然と思われる状況において出訴期間を漫然と徒過した場合には、違法性の承継が遮断されるものと解する。

現行の行政不服審査法および行訴法の一応整備された救済制度を考慮に入れると、先行行為が侵益的行政処分である場合には、名宛人の権利防衛本能を刺激するわけで、原則として、違法性の承継が遮断せられ、先行行為が授益的行政処分の場合、あるいは、侵益的行政処分であっても処分時に権利防衛本能を刺激しないような場合については、およそ抗告訴訟の対象となりえぬ事情にあって先行処分の不可争力が生じたわけで、違法性の承継が遮断されるものではない。蛇足とも思われるが、現行所得税法六四条一項、同一五二条に相当する規定が設けられる以前における課税処分と債権の貸倒れとの関係をめぐる問題で、税金を徴収された納税者が国に提起した不当利得返還請求のケースでは、[67]貸倒れの発生は課税処分の後発的無効事由を構成するという説明も考えられるが、筆者には、公定力の問題としては、課税処分に整備された救済手段が存することはいうまでもないが、貸倒れを予測し得ない以上抗告訴訟の対象となりえぬ事情にあったのであるから、課税処分の遮断効果が認められないものと理解する。

【注】

（1）広岡隆・行政法総論一〇五頁。

（2）たとえば、大阪高判昭和四二年六月六日行裁例集一八巻五・六合併号七一一頁は、入場税の賦課処分が無効であるときはこれに基づく差押えは効力がないと解すべきとし、大阪高判昭和三九年一月二〇日行裁例集一五巻一号一頁は、買収計画の瑕疵が重大かつ明白なものであるときは、右計画書に基づく買収処分は無効であるとし、また、神戸地判昭和四六年一一月二六日訟務月報一八巻五号七七三頁は、主たる納税義務者に対する課税処分が無効であれば、第二次納税義務者に係る納付告知処分も無効となるとする。

（3）たとえば、京都地判昭和三一年五月二三日行裁例集七巻五号一一三二頁は、相続税賦課処分は滞納処分とは別個独立の行政処分であるけれども、賦課処分が違法として取り消されたならば滞納処分もまた違法の取り消しうべき処分となるという原因結果の関係にあるとする。

（4）古くは、美濃部博士が「若し効果の相関連する限り総てに付いて審理し得るものとすれば、租税の賦課に対する訴えに於いて、それを議決した町村会議員の選挙の効力や、当選の効力をも争ひ得ることとなるべく、進んでは町村長の選挙の効力をまでも争ひ得るものとならねばならぬ、その不合理なることは余りに明白である」と主張され（美濃部・公法判例体系上巻六三七頁）、近くは、芝池教授が「裁判所が、その行為自身の違法を理由としてのみ、それを取り消すことができるとすると、……その行為についての出訴期間経過後は、もはや、救済のチャンスは失われ、その行政過程の展開を阻むことができなくなるが、このようなことが不合理と解されることがある」と述べられる（芝池義一「違法性の承継」法学教室五二号九六頁）。参照、市原昌三郎「行政行為の違法性の承継」行政法上（法学演習講座）一三〇頁、神谷昭・判例批評・行政判例百選一二二頁、藤田晴子「行政処分における違法性の承継」自治研究二六巻一〇号三二頁。

（5）従来、先行処分の違法をただす道のない場合に、ほぼ異論なく承継の理論が認められたのは、この所以であろう（参照、田中二郎ほか・行政事件訴訟特例法逐条研究七四・七五頁豊水・小沢発言、田中正雄・判例批評・民商法雑誌三二巻三号三七六、三八〇頁）。

（6）たとえば、最判昭和二六年一二月二一日民集五巻一三号七九六頁が自創法上の買収計画と買収処分、熊本地判昭和四三年一一月一四日行裁例集一九巻一一号一七二七頁が都市計画事業の認可と収用裁決との間で、違法性の承継を認め、東京地判昭和五二年一〇月二七日税務訴訟資料九六号一三六頁が課税処分と滞納処分、最判昭和五〇年八月二七日民集二九巻七号一二二六頁は本来の納税義務者の納税義務を確定した課税処分と第二次納税義務の納付告知との間で、違法性の承継を認めない。なお、学説については、浅賀栄・行政訴訟実務総覧二五六頁、市原昌三郎「行政行為の違法性の承継」行政法上（法学演習講座）一三〇頁、遠藤博也「違法性の承継」行政判例百選Ⅰ一二六頁、兼子仁・行政法総論二〇〇頁、神谷昭・判例批評・行政判例百選一二二頁、吉良実「第二次納税義務と主たる納税義務との関係」税法学二五七号二四頁、杉村敏正・全訂行政法講義総論（上巻）二三八頁、田中二郎ほか・行政事件訴訟特例法逐条研究七二頁、一八四頁、原田尚彦・行政法要論一五三頁、藤田晴子「行政処分における違法性の承継」自治研究二六巻一〇、一一号、二七巻四号。藤原淳一郎・判例批評・ジュリスト五二八号一五九頁、等参照。

（7）美濃部達吉・日本行政法上巻九四〇頁。

（8）神谷・前掲判例批評・行政判例百選一二二頁、桐山章雄「課税処分における違法性の承継」税法学二四号一三頁以下、田中二郎・行政法総論三二五頁、藤田・前掲論文・自治研究二六巻一〇号二九頁以下参照。なお、杉村教授も、基本的に同様の考えであって、

(9) 先行行為と後続行為が一の目的の実現をめざす同一手続に属する場合、すなわち、二以上の連続する行政行為が、終局的には、最終の行政行為によって生じる一の法効果の発生をめざす場合に認められると主張される（杉村・前掲書二三八頁）。もっとも、小早川教授が指摘されるように、違法性の承継の問題を処理するに当たって実体法上の先決関係の判定から出発すべきことは、美濃部博士においても認識されていたのであるが（美濃部・前掲書九四〇、九四一頁）、問題とされるべきは、厳密には先行行為（の適法性一般）ではなく、その特定の法律要件が、本案の請求・抗弁に対して先決関係を有するか否かであるだろう（小早川光郎「先決問題と行政行為」田中古希・公法の理論上三七一頁）。

(10) 桐山・前掲論文・税法学二四号一三頁、なお、美濃部達吉・公法判例体系上巻六三〇頁。

(11) 農地買収処分に対して訴訟を提起することができることについては、疑問の余地がないが、立法者は買収計画に対しては出訴を認めないという考えであったらしく思われるが、判例はこれを適法として扱っている、詳しくは藤田・前掲論文・自治研究二六巻一〇号二三頁を参照。

(12) 参照、藤田・前掲論文・自治研究二六巻一〇号三四頁。

(13) 須貝脩一・判例批評・法学論叢五九巻二号一三〇頁。

(14) 山田幸男・判例批評・民商法雑誌三〇巻五号八七頁。

(15) 山内一夫・行政行為論講義一五〇頁。

(16) 藤田・前掲論文・自治研究二七巻四号七三頁。反対、田中正雄・判例批評・民商法雑誌三二巻三号三七六（三八一）頁。買収計画に対する異議訴願を棄却する決定裁決が確定した後、買収計画の違法性が買収処分に承継されるかについて、藤田晴子・判例批評・判例研究四巻二号二九頁が、「右の決定または裁決は、数人の、争の当事者以外の者の合議によってなされ、争の両当事者はその際に意見を述べる機会を与えられるのである。既にかかる裁判類似の手続がとられしかもそのようにしてなされた決定又は裁決に対して上訴期間内に上訴がなされなかった場合には、争は既に解決ずみであると見るべきであり、かりに買収計画に瑕疵があっても、もはやこれを主張し得ないという状態が成立したものと解すべきであろう」と述べる。一方田中・前掲判例批評は、藤田説を、「市町村農地委員会の決定や都道府県農地委員会の裁決も各中間段階における一の行政行為であることを忘れて、これらを以て裁判所の裁判と同一視するものであるから、到底この説には賛成できない」と批判する。

(17) 遠藤・前掲判例批評・行政判例百選I二二七頁。

(18) 雄川教授は、「実際的な考慮として訴願も何もしないでほっておいたというのは、あるいは何らかの理由で気がつかなかったという場合もあるだろうし、あるいは法規の誤解もあるかもしれないし、ある場合には当事者に気の毒な場合もあり得ると思うので、あとの段階で救うことが考えられる。しかし、訴願までして争った場合には争う意思があったがそれを途中で放棄して、当事者としてはその点はそれ以上は争わないとしたという理由で、この二つの場合を区別することはできないことはない」とされる（田中ほか・行政事件訴訟特例法逐条研究一九一頁）。

(19) 最判昭和二五年九月一五日民集四巻九号四〇四頁。

(20) 参照、行政事件訴訟十年史二三一頁。

(21) 浅賀・前掲書二六三頁。

(22) 梁瀬良幹・判例批評・土地収用判例百選九頁。市原・前掲論文・一三九頁。

(23) 遠藤・前掲判例批評・行政判例百選I二二七頁。

(24) たとえば田中・前掲判例批評・民商法雑誌三二巻三号三七六頁。

(25) 藤田晴子・判例批評・判例研究四巻二号二九頁。

(26) 須貝・前掲判例批評・法学論叢五九巻二号一三三頁。

(27) 公定力に関する基礎的文献として、遠藤博也・行政行為の無効と取消二一三頁、兼子仁・行政行為の公定力の理論（第三版）、藤田宙靖・行政法学の思考形式二八八頁、山内一夫「行政行為の公定力」学習院大学法学部研究年報五号一頁がある。なお、塩野宏「行政行為の公定力」続判例展望四四頁以下、磯部力「行政行為の公定力」法学教室（第二期）第八号一六二頁以下参照。

(28) 参照、塩野・前掲論文・続判例展望四四頁。

(29) 本文で述べた原則に対する例外として、実定法が明らかに定めているものとして、行政不服審査による審査庁および行政組織法上、下級行政庁の行政行為の取消権を認めている行政機関を挙げることができるし、処分庁としても自らのなした違法な行為を是正するのが法治主義の要請であれば、処分庁もこれに加えることができる（塩野・前掲論文・続判例展望四四頁）。

(30) 塩野・前掲論文・続判例展望四四頁。
(31) この間の事情については、磯部力・前掲論文・法学教室（第二期）第八号一六二頁以下が要領よく述べている。
(32) 租税徴収法研究（上）二三〇頁雄川発言。
(33) 芝池教授もこの点に関しては、旧承継理論を評価されるようである（芝池「違法性の承継」法学教室五二号九六頁」。
(34) 山内・行政行為論講義一四九頁。
(35) 遠藤・前掲判例批評・行政判例百選Ⅰ二二六頁。
(36) 遠藤・前掲書（注27）三四五・六頁。
(37) 同右三四六頁、三四九頁。
(38) 小早川光郎「先決問題と行政行為」田中古希・公法の理論上三八七頁。
(39) 山内・前掲書・一四九・一五一頁。
(40) 小早川・前掲論文・公法の理論上三八七・八頁。
(41) 同右三八八頁。
(42) 遠藤・前掲書三三六頁。
(43) 美濃部達吉・日本行政法上巻九四〇・一頁。
(44) 参照、小早川・前掲論文・公法の理論上三八六頁。
(45) 森田寛二「行政行為の公定力と無効」法学研究第五四巻三号五八頁。
(46) 山内・前掲書・一五〇頁。
(47) 小早川・前掲論文・公法の理論上四〇四頁。
(48) 同右三八八頁。
(49) 先行処分に対する直接の争訟手段を利用しなかったことは、ただちに間接的争訟の途を閉ざすという失権的効果を伴うものとはいえないとの見解もあるが（遠藤・前掲判例批評・行政判例百選Ⅰ二二七頁参照）、整備された直接の争訟手段をただ漫然として利用しなかった場合には、手続法上の政策的選択の結果として、違法性の承継が遮断されるものと思料する。したがって、先行行為が侵益的行政行為である場合、現行の行政不服審査法、行政事件訴訟法を前提にすれば、原則として、違法性の承継が遮断せられ、授益的行政行為の場合や、侵益的行政行為であっても、処分時に権利防衛本能を刺激しないような場合には例外的に、承継が認められるものと解される。

(50) 論理的には種々の見解が成り立ちうるわけで、これに関する学説の全般については、藤原淳一郎・判例批評・ジュリスト五二八号一五九頁以下に詳しい。

(51) 最判昭和五〇年八月二七日民集二九巻七号一二二六頁。

(52) 小早川光郎・判例批評・ジュリスト五八三号一六〇頁。

(53) 同右一六一頁。

(54) 同右一六〇頁。

(55) 今井文雄・判例批評・判例評論二〇六号一五頁。

(56) 小早川光郎「先決問題と行政行為」田中古希・公法の理論上三九八頁。

(57) 神戸地判昭和四六年一一月二六日訟務月報一八巻五号七七三頁、吉良実「第二次納税義務と主たる納税義務との関係（2・完）」税法学二五七号二五頁。

(58) 藤原・前掲判例批評・ジュリスト五二八号一六一頁。

(59) 小早川・前掲判例批評・ジュリスト五八三号一六一頁。

(60) 吉良実「第二次納税義務と主たる納税義務との関係（一）」税法学二五六号九頁。

(61) 三好達「第二次納税義務に関する一、二の問題」会社と訴訟（下）八六八頁。

(62) 小早川・前掲判例批評・ジュリスト五八三号一六一頁。

(63) 浅田久治郎・租税徴収の理論と実務四五八、四五九頁。

(64) 小早川・前掲判例批評・ジュリスト五八三号一六一頁。

(65) エリクセン（Hans-Uwe Erichsen）とマルテン（Wolfgang Martens）は、執行行為の違法は、その基礎となる行政行為が不可争となった後では、後者が違法であることによっては理由づけられないと主張し、その理由として、そうでなければ行政裁判所法の出訴期間の定めが、実際上、無に帰すると述べている（H.-U. Erichsen und W. Martens. Allgemeines Verwaltungsrecht. Fünfte Auflage. S.244）。西ドイツでは、エリクセンとマルテンも述べるように、撤回ないし授益的な他の行為を求める義務づけ訴訟が提起できるわけで、法制の異なる日本では、右の主張は違法性の承継の理論を否定する根拠とはならない。なお、西ドイツの行政強制執行法（Verwaltungs-Vollstreckungsgesetz vom 27.4.1953）一八条一項第三文は、戒告が基礎になる行政行為と結びついていない場合に、後者が不可争となった場合は、戒告はそれ自身による権利侵害が主張される場合にしか取り消すことができないと規定する。

（66）遠藤博也「違法性の承継」行政判例百選Ⅰ二二七頁。

（67）多くは納税者の請求が認容されている（たとえば最判昭和四九年三月八日民集二八巻二号一八六頁）。

（大阪学院大学　法学研究　第一〇巻第一・二号　一九八五年）

第二章　事業認定と収用委員会の収用裁決

一　はじめに――問題の所在――

違法性の承継の問題は、行政行為が段階的に連続してなされ、最終的に目標を達成する場合に、先行行為に違法があれば、後行行為には独自の違法がなくとも、後行行為が違法とされるかという問題である。これが肯定される場合には、違法性の承継があるといわれ、その実益は、先行行為の取消訴訟を提起せず、またはその出訴期間が経過した後に、後行行為の取消訴訟を提起して、先行行為の違法を理由に後行行為の取消しを求めることが許される点にある。

公益事業の起業者は、国土交通大臣（旧建設大臣）または都道府県知事から当該事業が公益事業であることの事業認定を受けた後に、都道府県の土地収用委員会の収用裁決を得ることによって、事業に必要な土地を地権者の意に反して取得することができる。右の事業認定と収用裁決に関しては、違法性の承継を認めることで判例が固まった状況にある。しかし、興味深い判例が昭和六三年六月に相次いで二例報告されている。

一例は、土地収用法（以下収用法という）に定める建設大臣（当時、以下同じ）の事業認定と土地収用委員会の収用裁決との間で違法性の承継を否定した千葉地裁昭和六三年六月六日判決であり、[1]もう一例は、公共用地の取得に関する特別措置法（以下特措法という）に定める建設大臣の特定公共事業認定（以下特公事業認定という）と土地収用委員会の緊急裁決との間で、[2]従前どおりに違法性の承継を肯定した東京地裁昭和六三年六月二八日判決である。[3]

千葉地裁昭和六三年六月六日判決は、千葉県土地収用委員会のした新東京国際空港第一期工事用地の土地収用裁決につき、起業地内の土地所有者らが右裁決の取消しを求めていた訴訟の第一審判決であって、先行処分たる事業認定の違法が後行処分たる土地収用裁決の取消事由となるかという争点につき、被告収用委員会は、土地収用法に基づく収用裁決の取消訴訟において、右裁決を適法に行ったことを主張・立証すれば足り、先行処分たる事業認定の適法性までを主張・立証する必要はないと判示して、事業認定と収用裁決との間における違法性の承継を否定した。

その理由としては、①収用委員会は先行処分たる事業認定の適法性について審査権限を有しないこと、②事業認定に不服のある者は行政不服審査法による不服申立ておよび抗告訴訟を提起することができるから、収用裁決の取消訴訟において事業認定の違法を主張させないこととしても、被収用者に不利益を課すことにはならないこと、以上の二点を挙げている。

東京地裁昭和六三年六月二八日判決は、特公事業認定を受けた新東京国際空港第一期建設事業の用地の収用に係る緊急裁決取消請求事件の第一審判決であって、特公事業認定と緊急裁決との間に違法性の承継を認める。

その理由として、「緊急裁決は先に特公事業認定がされていることを前提にしており（特措法二〇条一項）、この引き続いて行われる特公事業認定と緊急裁決とはいずれも特公事業に関わる起業地の収用等という一つの法律効果の発生を目指す一連の行為であるから、先行の特公事業認定に瑕疵があって違法であるときは、後行の緊急裁決は当然に違法となり、したがって、緊急裁決の取消訴訟において、特公事業認定の要件は審理判断の対象となるものと解するのが相当である。そして、このことは、特公事業認定につき不可争力（形式的確定力）が生じているか否か、あるいは、緊急裁決をする収用委員会に特公事業認定の要件につき審理権限があるか否かに関わりがないものと解される」という。

東京地裁判決は、一つの法律効果の発生をめざす一連の行為である場合には、先行処分が違法であるときは後行処分も当然に違法となるという論理構成の下に、一つの法律効果の発生をめざす一連の行為であると認定されれば、先行処分の不可争力、あるいは、後行処分を行う行政庁の先行処分についての審査権限の有無に関わりなく違法性が承継される、というのであって、「特に新しい争点につき判断したものではない」とのコメント[4]が付されるほどに、従前の判例の立場を踏襲したものである。

一方、千葉地裁判決は、事業認定と収用裁決が一つの法律効果の発生をめざす一連の行為であるかについては吟味することなく、当然ながらそのことを否定するまでもなく、先に述べた二点の理由から、収用裁決の取消訴訟において事業認定の違法の主張を遮断したものであるが、これに対しては、「仮に収用委員会に事業認定の適否を審査する権限があれば、事業認定の違法を看過して収用裁決をした場合には裁決自体に固有の瑕疵があることになって違法性の承継論を持ち出すまでもないことになり、また、先行処分が抗告訴訟の対象になるから後行処分の違法性が認められないというのであれば、およそ違法性の承継を論ずる余地はなくなってしまうように思われる」との批判的コメント[5]があって、東京地裁判決に対するものに比するとその対照は極めて興味深い。

その後、判例がどのような展開をみせるか注目していたところ、名古屋地裁平成二年一〇月三一日判決は、(6)東京地裁判決に与して、従前通りに違法性の承継を認めるところとなった。本章では、千葉地裁判決を突然変異の徒花とするのを惜しんで、上記判例を素材として行政行為における違法性の承継について再検討を行う。

二　判例の史的展開と実状

冒頭に掲げた千葉地裁昭和六三年六月六日判決に至るまでの事業認定と収用裁決間の違法性の承継に関する判例の傾向をみると、明治大正期と昭和期以降とでは大いに異なる。

明治大正期においては、行政裁判所はおしなべて違法性の承継を否定している。(7)当時は、出訴事項が制限列挙されており、事業認定に対する訴訟を許す規定は存在せず、また収用審査会（現土地収用委員会、以下同じ）自身が事業認定の当否を判断できなかったことから、収用審査会の裁決に対する訴訟で事業認定の当否を判断することはおかしいとする考えが支配的であった。(8)

この時期の代表的判例は大正一三年二月二八日判決(9)である。事件の概要は次のとおりである。

起業者内務省は富士川改修工事に要する石材斫出のために、石山を収用する申請をなし、事業種類「河川改修石材斫出」という名義をもって内閣の認定を受け、以後正規の手続を経て収用審査会の裁決があった。土地所有者はこの裁決に不服ありとして行政訴訟を提起したが、その理由として主張したところは、土地収用法により収用をなしうべき事業は、同法二条に列記したところでなければならぬ、しかるに同条には「河川ニ関スル事業」

とあるが、河川改修に要する石材を斫出することは直接に河川に関する事業と称しうべきものではないから、土地収用を為しうべき事業ではないというにあった。

裁判所は、「原告ハ本件内閣ノ事業認定ヲ違法ナリト断定シ右認定ノ違法ナル以上ハ本件裁決モ亦違法タルヲ免レズト主張スルモ、土地収用法ハ其ノ第三十五条ニ置イテ収用審査会ノ裁決ヲ以テ定ムベキ事項ヲ列記シ収用審査会ニ内閣ノ為シタル事業認定ノ適否ヲ審査決定スルノ権限ヲ付与セズ、而シテ第八十一条ニハ「収用審査会ノ違法裁決ニヨリ権利ヲ傷害セラレタリトスル者ハ行政裁判所ニ出訴スルコトヲ得」ト規定スルヨリ見レバ、第三十五条所定ノ事項ニ関スル収用審査会ノ違法裁決ノミニ対シ出訴ヲ許シタルニ過ギズシテ、内閣ノ為シタル事業認定ノ違法ヲ主張シテ収用審査会ノ裁決ヲ攻撃スルコトヲ許サザルモノト認ムルヲ相当トス」と判示して、原告の主張を排斥した。

しかし、美濃部博士は、出訴事項が制限列挙された行政裁判制度の下にあって、まず、「争の目的となった処分それ自身に違法の廉があるのではないが、其の前に行はれた之と関連する他の行為が違法である場合に、其の違法性が争の目的たる処分にも承継せらるるや否や」という問題提起を行い、「それ等の行為が或る単一な効果を目標として行はるる連続した行為であり、其の双方の結合に依って或る法律上の効果を完成する場合であれば、前の行為の違法性は當然後の行為にも承継せられ、随って前の行為が違法であることを理由として、後の行為に対して行政訴訟を提起することが出来る」という違法性承継の理論を提唱し、事業認定と収用裁決とはまさしく右にいう単一の効果を目標として行われる連続した行為であると思料して、その間の違法性の承継を承認された(10)。

そのうえで、先行する事業認定が出訴の対象となっていないことを理由にして、事業認定の違法を主張して収用裁決を攻撃することを許さないとする判例の理論構成に対して、事業認定と収用裁決のように単一の効果を目標として行われる連続した行為である場合には、「法律が其の最後の行為に対してのみ不服の訴を許して居るとしても、それは未だ効果が完成しない前に不服を訴へしむることを不適當とするが為であって、法律の趣意とする所は、単に最後の行為をのみ分離して訴訟の目的と為して居るのではなく、違法に発生した法律的効果に付いて、其の効果を除くが為に法律上の救済を求むることを得せしめて居るのである。而して其の法律的効果は数個の行為の集合に依って発生したのであるから、其の訴訟に於いては其の基本たる行為の違法に付いても之を争ひ得ることは當然でなければならぬ」と反論し[11]、「内閣の認定の當否に付いて行政裁判所に審査権なしとすることは、土地収用法が土地収用に関して行政訴訟を起し得ることを認めて居る立法の趣意を半ば失はしむるもので、甚だ不當といはねばならぬ」という厳しい批判を加えられた[12]。

かくして、違法性承継の理論は、出訴事項の制限列挙主義の下に訴訟事項の範囲が比較的限定されていた状況下にあって、訴えの対象とならない先行処分の違法を後行処分の取消訴訟で主張せしめることにより、国民の権利救済の幅を広げるという機能を果たすこととなり、またそこにこの理論の史的意義を見いだせるのであるが、やがて、大方の賛同を得るところとなり、昭和期の行政裁判所の判例は、事業認定の違法を理由として土地収用審査会の収用裁決を争うことを認めるところとなった。

典型例を挙げれば、昭和一九年七月八日判決[13]であり、次のように判示する。

「被告ハ収用審査会ハ内務大臣ノ事業認定ノ当否ヲ審査スルノ権限ナキモノナルカ故ニ仮令事業認定カ違法ニシテ裁決ノ結果原告等ノ権利ヲ傷害スルコトアリトスルモ当該裁決ヲ以テ土地収用法第八十一条第二項ニ所謂裁決ト謂フヲ得ス従テ原告カ右事

業認定ノ違法ナルコトヲ理由トシテ本件被告ノ裁決ヲ論難スルハ理由ナキ旨主張スルモ土地収用法ヲ適用シテ土地ヲ収用又ハ使用シ得ル事業ノ何レナリヤハ同法ノ規定ニ依リテ決セラルヘク内務大臣ノ自由裁量ニ依リテ決セラルヘキモノニ非サル故ニ土地収用法上土地ヲ収用又ハ使用シ得サル事業ナルニモ拘ラス内務大臣カ之ヲ認定スルハ違法ニシテ仮ニ被告主張ノ如ク収用審査会ハ同大臣ノ為ス事業認定ノ当否ヲ審査スルノ権限ナク従テ違法ノ事業認定ニ基キ当該土地ノ収用又ハ使用ノ裁決ヲ為スノ外ナシトスルモ其ノ故ニ右事業認定ノ違法性ヲ阻却シ右裁決ヲ適法ノモノト為スニ由ナキカ故ニ右裁決ハ前記条項ニ所謂違法裁決ニ該当スルモノト解スルヲ相当トス」

行政裁判所が廃止された昭和後期（第二次大戦後）においても、先行処分と後行処分とが相結合して一つの効果を完成する一連の行為である場合には、違法性の承継を肯定し、両処分が相互に関連していてもそれぞれ別個の効果を目的とする行為である場合には、これを否定する従前の判断基準すなわち前章で取り上げた旧承継理論によって、判例は事業認定と収用裁決間における違法性の承継を肯定している。

大阪高決昭和三〇年一二月二一日行裁例集六巻一二号二九六三頁がその例であり、また、熊本地判昭和四三年一一月一四日行裁例集一九巻一一号一七二七頁、宇都宮地判昭和四四年四月九日行裁例集二〇巻四号三七三頁、東京高判昭和四八年七月一三日行裁例集二四巻六・七号五三三頁、金沢地判昭和六一年一二月一二日判例自治二九号六五頁など、枚挙に暇がない。一方、違法性の承継を否定した判例は、これを見いだすことがほとんどできない。

ところで、昭和期の判例が一様に採択している判断基準を用いれば、事業認定と収用裁決との間では違法性の承継が認められるから、理論的には、被収用者は違法性承継の理論の恩恵を受けるはずである。実際に、昭和前期の被収用者は、違法性承継の理論が歴史的に有した出訴の対象とならない処分の違法を後行処分の取消訴訟で主張せしめることによって権利救済の幅と機会を広げるという効用ないし恩恵に浴した。しかし、出訴事項について制限列挙主義が廃止されて、概括主義が採用された今日の取消争訟制度の下において、昭和後期の被収用者がなお違法性承継の理論の恩恵を享受しているかといえば、必ずしもそうではない。

それというのも、違法性の承継を認めた裁判所が原告たる被収用者に事業認定の違法を主張せしめて、収用裁決の取消しなりその執行停止の請求を認容しているかということになると話はまったく別で、原告の請求を認容したものは極めて稀であり、身近にある判例集を検索したところ、二つの例を発見できたに過ぎない。

一つは、事業認定の違法を理由とする収用裁決の執行停止の請求を認容した大阪高裁昭和三〇年一二月二一日決定(14)である。その決定要旨は、「本件事業認定は旧土地収用法の当時に行なわれたのであるから、これに対し訴願を許されないものであったが、しかし、その故に事業認定そのものが確固不動のものとなったと見るべきではない。事業認定行為の名宛人は不特定人であって、事業認定があったからとて特定の人の特定の権利に対し法律上確定した影響を与えるものではなく、その後、土地細目の公告以下の手続を経るに従って相手方も特定され、特定の物又は権利に対する特殊の拘束力を生じ、起業者と土地所有者その他の関係人との間に具体的な法律関係が形成されるに至るのである。従って、事業認定そのものが確定したとしても、その確定的効力は事業認定の内容に存する違法が存しないことに確定する効力を生ずるものではない」ということであった。

右大阪高裁決定は、原告の申立てをほぼ全面的に認めて原決定を取り消し、執行停止を命じたが、原告が縷縷申し立てたのは、昭和二六年改正前の旧土地収用法下においては、事業認定の公告・縦覧、利害関係人の意見書の提出が認められておらず、事業認定は土地所有者の知らないところで、知らない間に、たとえ知ったとしても、何らこれに対する有効な阻止手段も認められないままに決定されてしまう仕組みになっていた、という特殊事情であり、かかる事情を無視して事業認定処分を確固不動のものとする被告の主張は形式的に過ぎるということであった。

ここで注目すべきなのは、違法性承継の理論がその面目を躍如とした昭和前期（明治憲法下）の特殊的事情と同様下の事件であったということである。かかる事情の存在が違法性承継の理論の出発点であったことを銘記して、再検討の視座もここに求めなければならない。

もう一つの例は、日光太郎杉事件として有名な宇都宮地裁昭和四四年四月九日判決とその控訴審の東京高裁昭和四八年七月一三日判決[15]である。

この事件で注意を要するのは、原告は事業認定の取消しの訴えを適法に提起しており、違法性の承継が仮に否定されても、事業認定が違法であればその取消判決を得ることによって、収用裁決の根拠を奪うことができるわけで[16]、違法性承継の理論なくしては有効な権利救済が得られないという状況ではなかったという点である。

出訴事項について概括主義を採る現行の取消争訟制度の下で、事業認定と収用裁決間においては被収用者が従前の違法性承継の理論の恩恵に浴していないという現実を前にすると、ただ単にそれは事業認定が適法に行われたからに過ぎないという反論の余地あることは承知しても、なお、事業認定の違法性が収用裁決に承継されることを原則的に遮断し、事業認定を被収用者において争訟の対象として捕捉することができなかった特段の事情がある場合に、例外的に違法性の承継を認めて被収用者を救済するという姿勢が一概に否定されるべきものとは思われない。

上述の千葉地裁判決を惜しんで注目する所以も、事業認定と収用裁決間における違法性承継の原則的遮断とその例外という、現実を踏まえてなお権利保護に配慮した承継理論の先駆けと思われるからである。

三　違法性承継の遮断とその例外

先行の行政行為の違法は、当然には後続の行政行為に承継されない。

明治憲法下の行政法学はこれを公定力の理論で説明する。行政行為の公定力の概念を創案したのは、第二次大戦前の美濃部行政法学であったが、[17]博士はその著『公法と私法』において、「国家行為の公定力とは公法関係に於いては国家の意思行為が其の関係を決定する力を有し、其の行為が正当の権限ある機関によって取消されるか又は其の無効を確認せらるる迄は常に適法なることの推定を受け、其の相手方たる人民の側に於いて其の効力を否定することの出来ないことを謂ふ」として、[18]明治四二年頃から説き始めた公定力概念を昭和一〇年ごろにはほぼ明確な形で整えている。[19]

博士の公定力理論は、右に引用した所にあるように適法性の推定を要素としており、先行行為の違法を主張して後続行為の取消しを求めることは、先行行為が「適法なることの推定を受け」ることと整合しないために、「行政裁判所は……〔先行行為〕の違法であるや否やにつき審理し得べきものではない」ことをもって公定力の一内容とされ、先行行為が無効である場合は別として、原則として、違法性の承継が遮断されることになった。

もっとも、右にいう公定力の内容は、訴訟事項を制限列挙した当時の行政裁判制度が国民の権利保護の面で不十分であったことに鑑みてか、「争訟の対象たる行為と結合して効果を生ずる行為」については除かれ、「これとは効果を異にする別個の行政行為」について承認されたから、[20]例外的に違法性の承継が認められることとなり、その認否の基準は右にいう公定力を有するか否かに係るわけで、先行行為と後行行為とが相結合して一つの効果の実現をめざし、これを完成するものである場合には、承継が肯定され、両者がそれぞれ別個の効果の発生をめざすものである場合には、承継を否定すべきものとされた。

田中博士も、承継の認否を専ら行為の関係の類型から判断するこの考え方を支持して、「相連続する二以上の行為が結合して一の法律的効果の発生を目指している場合には、違法性の承継を認めるべきであり、各行為がそれぞれ一応別個の法律的効果の発生を目的とする独立の行為である場合には、先行行為の違法性の承継は認められない」と解すべきであるとされる[21]。こうした考えを便宜的に旧承継理論と呼ぶが、これが今日でも通説の地位を占めている。

しかし、昭和三〇年代半ば以降、公定力の法理について、公定力を権力の本質に由来する行政行為の内在的効力として捉え、その実質的意味をつねに「適法性の推定」ということと結び付けて理解する考え方については、批判的検討がなされて[22]、今日では、行政行為の公定力とは、適法性の推定を伴わない、行政行為の効力、より正確には、行政行為によって創出された法的効果は、取消争訟の手続を経ないかぎり否定され得ないという制度の仕組み（いわゆる取消訴訟の排他性）をさすものと解されるようになった[23]。

公定力が適法性の推定を伴わない法効果に関係したものであるなら、違法性承継の問題は、行政行為の効果を直接問題とする公定力の問題ではなく、違法性承継の遮断を公定力によって直截説明することは困難となる。しかし、先行行為の違法（厳密には法律要件の不存在）を理由とする後行行為の取消訴訟において、違法性の承継が認められ、その違法が認定されると、後行行為が取り消されることになるので、この場合には、国家賠償請求訴訟の場合とは異なり、結局のところは、先行行為の効果は無に帰することとなる[24]。ひいては、行政事件訴訟法一四条の出訴期間制限規定は、実際上、空洞化する。その意味では、公定力とは無関係ではないわけで、違法性の承継の原則的遮断が依然として要請され、その例外については、旧承継理論の定式に照らして、関係の類型から画一的に判断する方法が差し当たって踏襲された。

違法性承継の原則的遮断の根拠を公定力で直截説明することが破綻した後に、先決関係が構成される行政行為間で従前どおりに違法性の承継が遮断されることにつき、その理論的根拠を示したのが小早川教授提唱の行政行為の「遮断効果」の概念である。[25]一般に、遮断効果の概念は、行政行為に際してなされた判断と異なる主張を前提とする請求・抗弁がその結果において当該行政目的の実現を妨げる性質を持つ場合には、そのような請求・抗弁は退けられるべきものとすることを意味すると解されている。

小早川教授によれば、右の遮断効果は、手続法上の政策的選択の結果として、行政行為に生ずるとされる。先決関係が構成される行政行為間にあっても、先行行為の早期確定と後行行為の安定を考慮した結果として、後行行為の取消訴訟においては先行行為の違法（厳密には法律要件の不存在）の主張を許さないとする政策的選択を手続法的に採りうるわけで、先行行為に対する取消争訟制度の整備がそのような政策的選択の解釈を採りうるための基礎を提供しているとされる。

法律がある行政過程を一連の段階的な行政行為によって構成している場合、その趣旨は、取消訴訟の出訴期間制限規定（行訴法一四条）に徴して、各段階における紛争は原則としてその限りで終了せしめ、違法性の承継を遮断することによって法的安定性の確保を期することにある、と解することはあながち否定されるべきではないから、一般論としては、右の主張はこれを容認することができる。先行の行政行為の側からいえば遮断効果が承認されることになる。

もっとも、事業認定と収用裁決について、教授は、「事業認定の要件として収用法二〇条各号に掲げられた事由の存否は、収用裁決取消請求に対して実体法上の先決関係を有するものと解されるが、さらに、この点につき事業認定に遮断効果がないものと解されるならば、事業認定と収用裁決の間には違法性の承継が肯定されることになる」と述べて[26]、その間の違法性の承継について態度を鮮明にされていない。そのために、行政行為の遮断効果はそれぞれの行政行為につきその有無が判断されるかのごとき印象を受けるが、違法性の承継を否定する意味での行政行為の遮断効果は、取消訴訟の排他的管轄と出訴期間を定めた行政事件訴訟法のシステムから、概括的に説明承認されるべきものである。すなわち、後行行為の取消訴訟においては不可争力を生じた先行行為の違法の主張をもはや許さない、換言すれば違法性の承継を遮断するという手続法上の政策的選択は、行政法関係の早期確定に奉仕せしめるために出訴期間を制限した取消訴訟制度を採択した行政事件訴訟法において、包括的に決定されているものと解される。

この場合に参考になるのは、伝統的行政法学が範としたドイツ行政法学では、相連続する行政行為間における違法性の承継が否定されているということである。行政強制と関連した権利保護の説明に際して典型的に示される。たとえば家屋の老朽化を処分理由とする除却命令を不可争ならしめた者は、その行政代執行を争う段階で当該家屋が全然老朽化していないとか、除却命令は比例原則に反するとかいう抗弁をなすことはできない。執行行為（行政代執行）の基礎となっている行政行為（除却命令）に不可争力が生じた後は、それに瑕疵があったということでは後続の執行行為の違法性は理由づけられない。行政裁判所法の定める取消請求期間が実際上空洞化してしまうことがその理由として挙げられている[27]。

違法性承継の原則的遮断は、右に述べたように、先行行為の早期確定と後行行為の安定の考慮という手続法上の視点から、行政事件訴訟法の整備された取消訴訟制度を前提にして、承認される。ただそこには、先行行為によって不利益を受ける者に対しては、その者が先行行為の取消しを求めるために、法所定の手続を適時に履践することを要求しても不合理ではない、という判断が前提にある。したがって、先行行為の取消訴訟の出訴期間の厳守を要求することが必ずしも妥当でない特段の例外的事情がある場合には、先行行為の遮断効果は退き、違法性の承継が認められるべきである。なぜなら、取消訴訟の出訴期間制限規定は、行政上の法律関係はできるだけ早期に確定し安定を図るべきという要請に添うものであるが、先行行為の早期確定と後行行為の安定の要請を絶対視し、違法性承継の理論の史的意義を否定して違法性の承継を全面的に否定することは、ときに個人の権利保護の途を不当不必要に制限する結果を招くからである。

この点については、ドイツ行政法学は参考にならない。なぜなら、ドイツでは取消訴訟の提起に先立ち、事前手続として異議審査請求を行わなければならないが(28)、異議審査請求の申立期間は争訟について教示がされないと開始せず、取消訴訟の出訴期間も異議審査請求の決定において同様の教示がないと開始せず(29)、行政行為を不可争ならしめることがないように争訟提起期間の遵守についてはそれなりの配慮がなされており、また詳しくは次章で説明するが、仮に不可争力が生じた後も、行政手続法の定める再審査の手続によって(30)、さらに、再審査の手続後の取消しまたは受益的な二次決定をめざす義務づけ訴訟によって、その廃止を試みる途が開かれていて、権利保護の機会が十分に確保されており(31)、その点でわが国と事情を異にしているからである。

したがって、出訴期間を経過した後は救済の機会が失われ、行政過程の展開を阻む方途がない、というわが国の事情を考慮に入れれば、行政事件訴訟法の取消訴訟制度で裏打ちされた先行行為の遮断効果の原則的肯定、すなわち、違法性の承継の主張を遮断せんとする政策的選択は、例外を許さないものと解すべきではなく、個別具体のケースにあっては、法律状態の安定と個人の権利保護という二つの異なった要求を調和させる視点から、利害関係人の出訴の合理的可能性を加味して、その妥当性について検証されることが予定されたものというべきである。

ここにおいて、違法性の承継が承認される、換言すれば遮断効果が否定される二つのケースが考えられる。

一つは、先行行為の取消訴訟の出訴期間の厳守を要求することが必ずしも妥当でなく、遮断効果を否定することが出訴期間制限規定の趣旨を損なわないような特段の事情が認められる場合である。たとえば先行行為が利害関係人の権利防衛本能を刺激しない間に出訴期間が経過し、先行行為の早期確定によって確保された公益が事情判決制度でも考慮されない程度のものである場合には、先行行為の間接的訴訟でもある後行行為の取消訴訟において、先決関係をなして相連続する行政行為間の違法性承継の主張が認められてしかるべきである。

もう一つのケースは、行政庁に処分権限を授権した実定法が明示的に違法性の承継を認めている場合、または、当該法の趣旨から、先行行為の出訴期間の徒過がただちに間接的訴訟の途を閉ざすという失権的効果を伴うものではないと解される場合である。行政法学上の法理である遮断効果の当然の限界である。

ちなみに、最高裁昭和二五年九月一五日判決は、自作農創設特別措置法が買収計画に処分性を付与した趣旨について、買収計画の不可争力によってその早期確定を図り、後続の買収処分の安定を期することにあるかについてはまったく吟味せずに、端的に、自作農創設特別措置「法七条が買収計画に対して異議訴訟を認めているのはただその違法の場合に行政庁に是正の機会を与え所有者の権利保護の簡便な途を開いただけ」であると解して、買収計画と買収処分との間に違法性の承継を認める。しかし、右最高裁判決が結論において支持できるのは、自作農創設特別措置法によれば、買収計画に対する異議申立期間は買収計画の公告縦覧の初めから十日間と定められているが（自創法七条）、これは訴願前置主義の下にあっては極めて短い期間であり、しかも買収計画の段階では通知の規定がないことを考慮に入れると、不在地主の場合には、この公告に気付かずに異議申立期間を経過し、買収令書の交付を受けて初めて買収の事実を知って出訴する場合も予想されるから、自作農創設特別措置法七条の趣旨を判旨のように解することは、必ずしも否定されるべきではないからである。(32) 法の趣旨が奈辺にあるかを判断するに当たっては、慎重を期さなければならない。

四　おわりに――判例の検討――

先決関係を構成する行政行為間の違法性承継の遮断とその例外は、旧承継理論では行為の関係の類型から振り分けられ、課税処分と滞納処分、建築物の除却命令と行政代執行では違法性の承継が認められず、事業認定と収用裁決では認められている。一方、新承継理論の立場から、手続法上の要請から違法性の承継が原則的に遮断され、出訴期間内に先行行為を争うことを困難ならしめた特段の事情がある場合に、あるいは実定法が先行行為の遮断効果を否定する場合に、違法性の承継が例外的に認められることを先に示した。最後に、これを視座として、冒頭で掲げた判例の検討を行うことにする。

一　千葉地裁昭和六三年六月六日判決

千葉地裁昭和六三年六月六日判決が違法性の承継を遮断した理由は、二点ある。

第一は、先行行為たる事業認定の適法性について収用委員会が審査権限を有しないということである。千葉地裁判決は、「被告は、本件事業認定の適否について審査する権限を有しないことから、その適否については何ら審査することなく、その事業認定が適法なものであることを前提として、収用裁決の申請について審理を開始した上、本件裁決をしたのであるから、そのこと自体によって被告が本件事業認定の適法性について判断を逸脱したものと指摘されてしまうことになり兼ねないばかりでなく、被告は、本件事業認定の適否について審査をすべき資料を持ち合わせていないのである」という。

しかし、収用委員会が事業認定の違法を審査する権限を有しないことを右の論理構成によって違法性承継の否定論拠にするのは適切ではない。なぜなら、被収用者の立場に立ってみれば、収用委員会に事業認定の適否の審査権限を与えるかどうかは、行政庁相互間の権限の分配の問題であるに過ぎないし、仮に、収用委員会が原告の主張する事業認定の違法事由につき、その適法性の主張・立証活動を行うために必要な資料を有しない場合には、必要に応じて事業認定を行った行政庁を訴訟に参加させることも可能であるので、違法性の承継を認めても被告収用委員会に酷な結果を生じるということはできない、という反論が正当にも成立しうるからである。

したがって、違法性の承継を否定する千葉地裁判決の立場からすれば、収用法が事業認定の審査権限を収用委員会に与えていないという事実は、むしろ、収用法の趣旨が事業認定に遮断効果を認めてその早期確定と収用裁決の安定を図ることにある、との解釈をとる根拠の一つとして主張されるべき事柄であった。

千葉地裁判決が違法性の承継を認めなかった第二の理由は、収用法が事業認定の内容について、周知措置を設け、それ自体を争う機会を設けているので、違法性の承継を遮断しても、被収用者に不利益を課すことにはならないということであった。長文を厭わず引用すれば、次のとおりである。

「収用法は、建設大臣又は都道府県知事は、起業地が所在する市町村の長に対して事業認定申請書及びその添付書類のうち当該市町村に関係のある部分の写を送付しなければならず、市町村長は、起業地などを公告した上、二週間その書類を公衆の縦覧に供しなければならない（二四条）と規定し、事業の認定について利害関係を有する者は、右の縦覧期間内に都道府県知事に意見書を提出することができる（二五条）と規定している。また、同法は、建設大臣又は都道府県知事は、事業の認定をしたときは、その旨を告示しなければならない（二六条）と規定し、市町村長は、送付を受けた起業地を表示する図面を、事業の認定が効力を失う日等まで公衆の縦覧に供しなければならない（二六条の二）と規定している。更に、同法は、起業者は、建設省令で定めるところにより、補償その他の事項について、土地所有者及び関係人に周知させるため必要な措置を講じなければならない（二八条の二）と規定している。したがって、右のような制度が設けられているのであるから、土地所有者及び関係人は、事業の認定について、迅速かつ確実にこれを知りうる機会を与えられているということができる。そして、事業の認定に不服がある者は、行政不服審査法による不服申立てをすることができる（収用法一三〇条）のであり、これに不服があれば、抗告訴訟を提起することができるものというべきである。そうすると、本件訴訟においては、本件裁決に固有の違法を主張させるだけで十分であるというべきであって、本件事業認定の違法を主張させないこととしても、被収用者に不利益を課すことにはならない」。

なるほど、収用法一八条によって、起業者は、「土地所有者及び関係人が自己の権利に係る土地が起業地の範囲に含まれると容易に判断できる」ように、事業認定申請書およびその添付書類において起業地を表示しなければならず、その趣旨を受けた土地収用法施行規則によって起業地のいわゆる小字まで記載して、千分の一程度の縮尺の図面を作成しなければならないので、事業認定は、千葉地裁判決の指摘する収用法の仕組みとあいまって、周知せられる筈である。

実際、収用法は事業認定の申請の時期について起業者の裁量に任せているので、通例は、起業者は、事業認定計画の即地的決定の後、まず、いわゆる任意交渉に全力を注ぎ、その間にときには事業計画に若干の変更を加えてさえ、ほとんどの用地を取得し、最後にどうしても取得できない特定の土地についてのみ、事業認定の申請を行うというのが一般的で、かかるケースにあっては、起業者があらかじめ所有者といわゆる任意交渉を行い、その後事業認定を申請するので、所有者等が事業認定の行われるまで事業の内容を知らないということはほぼ起こりえないわけで、被収用者の側に遮断効果が例外的に否定されるべき特段の事情は、通常、存在しないであろう。[33]

しかし、収用法の実施官庁である国土交通省（旧建設省）が起業者に要求する収用手続きのあるべき順序は、事業計画の即地的決定―事業認定の申請―事業認定の取得―任意交渉―裁決申請（―裁決―収用）ということであって、事業計画の即地的決定後、ただちに起業地の全体について事業認定の申請をした場合には、被収用者の立場においては、必ずしも、事業認定について争訟提起の必要性をさほど切実に感じなかったとしても無理からぬ場合が起こりうる。かかる場合のあることを等閑に付して、千葉地裁判決が、収用法の定める事業認定の周知に関する規定を掲げるだけで、被収用者の事業認定に至るまでの個別的な特段の事情、換言すれば事業認定に対する出訴の合理的可能性を吟味しないで、画一的に、事業認定の違法を主張させないとしても被収用者に不利益を課することにはならないと断じたのは、少しく残念ではある。[34][35]

二　東京地裁昭和六三年六月二八日判決

東京地裁判決は、千葉地裁判決に対峙して、先に紹介したように、「特公事業認定と緊急裁決とはいずれも特公事業に係る起業地の収用等という一つの法律効果の発生をめざす一連の行為である」から違法性の承継が認められるとするもので、行為の関係の類型から違法性の認否を判断する伝統的な旧承継理論に拠っている。

しかし、収用法に定める事業認定は、当該事業の公益性の宣言行為としての性格を有するもので、法上、対象土地の形質変更の禁止の効果をもたらし（二八条の三第一項）、その告示は補償金の価値の算定の基準時となる（七一条）等、付随的効果が付与されているわけで、事業認定と収用裁決は厳密には直接の効果を異にしている。一歩譲って、判示のとおりであっても、課税処分と滞納処分、さらに、税の徴収を右に引用した判示の命題に置換した、「課税処分と滞納処分とはいずれも税の徴収等という一つの法律効果の発生を目指す一連の行為である」ということが否定されるためなのか、あるいは、それだけでは足りないためなのかはともかく、課税処分と滞納処分の間では違法性の承継は異論なく遮断されていることに鑑みて、少なくともその基準はあいまいであるという批判を免れることはできない(36)。

三　名古屋地裁平成二年一〇月三一日判決

千葉地裁判決と東京地裁判決の後、判例の行方が注目されたのであるが、平成二年一〇月三一日の名古屋地裁判決は、違法性の承継を認めることとなった。もっとも、原告の請求は例に違わずこれを棄却している。千葉地裁判決と東京地裁判決の二件がいずれも新東京国際空港建設事業に係るものであったのに対して、この事件の概要は次の通りである。

原告は、精神科を含む病院を開設している者であるが、電力会社の送電線新設工事等の事業が認定されるに伴い、原告病院敷地内に設置される送電線等により、入院中の精神障害者の療養に悪影響を与え、医療環境を著しく破壊することや、電力供給を可能にする規模の送電線ルートとしては、他に適切な代替ルートが存在するから、右事業計画は、収用法二〇条三号の「事業計画が土地の適正且つ合理的な利用に寄与するものであること」という要件を満たしておらず、建設大臣（現国土交通大臣）のした事業認定は違法であり、それに基づいて被告（県収用委員会）がした権利取得裁決および明渡裁決は違法であると主張して、これらの裁決の取消しを求めて訴訟を提起した。

裁判所は、まず、事業認定と収用裁決について、「土地収用法によれば、起業者は、事業のために土地を収用しようとするときは、建設大臣又は都道府県知事による事業の認定を受けなければならず（一六条、一七条）、建設大臣又は都道府県知事は、起業者の申請に係る事業が法定の要件を充たす場合には、事業の認定をすることができ（二〇条）、事業の認定がされた場合には、起業者は、事業認定のあった日から一年以内に限り、収用委員会に収用の裁決の申請をすることができ（三九条）、収用委員会は、申請却下の裁決をすべき一定の場合を除いて収用裁決をしなければならない（四七条、同条の二）と定められている。このように、土地収用法に基づく事業認定と収用裁決は、その直接の効果は異なるものの、結局は、互いに相結合して当該事業に必要な土地を取得するという法的効果の実現を目的とする一連の行政行為であると解するのが相当である」と判断し、次いで、その間の違法性の承継について、「土地収用法における事業認定と収用裁決のように、先行行為と後行行為とが相結合して一つの効果を形成する一連の行政行為である場合には、法が実現しようとしている目的ないし法的効果は最終の行政行為に留保されているのであるから、このような場合にあっては、立法政策上は、先行行為を独立して争訟の対象にならない行政内部の手続的行為とし、先行行為の違法は最終の行政行為の取消訴訟においてのみ主張できるとすることも可能であるが、そのような立法政策を採らず、先行行為を独立の行政行為として扱い、それに対する争訟の機会を設けている場合であっても、なお、先行行為の違法性は後行行為に承継され、後行行為の取消訴訟において先行行為の違法を主張できると解するのが相当である。なぜなら、この場合、法が先行行為を独立の行政行為とし、それに対する争訟の機会を設けた趣旨は、国民の権利利益に大きな影響を及ぼすような行政行為につき、その手続がより慎重に遂行されるようにすることによって、行政手続及び内容の適正さを一層強く担保しようとしたものと解することができ、したがって、先行行為が独立の行政行為であり、それに対する争訟の機会が設けられていることを理由に、違法性の承継を否定することは、右のような法の趣旨に反するものと解せられるからである」としている。

名古屋地裁判決が違法性承継の問題処理に当たり、法の趣旨を考慮に入れた点はこれを評価できるが、その説くところには問題がある。

名古屋地裁判決は、法が先行行為を独立の行政行為として扱い、それに対する争訟の機会を設けた趣旨が奈辺にあるかを判断するに当たって、先行行為の早期確定と後行行為の安定ということについては一瞥もせずに、行政手続および内容の適正さを一層強く担保せんとしたものであると解しているが、なぜそれだけに限定したかについては説明を加えておらず、結果において、旧承継理論を梃入れしただけという印象を拭うことができない。

その説くところを、重複を厭わずに述べれば、事業認定と収用裁決のように先行行為と後行行為とが相結合して一つの効果を形成する一連の行政行為である場合には、先行行為に対する争訟の機会が設けられている趣旨は、国民の権利利益に大きな影響を及ぼすような行政行為につきその手続がより慎重に遂行されるようにすることによって、行政手続および内容の適正さを一層強く担保せんとしたものであって、先行行為が独立の行政行為であり、それに対する争訟の機会が設けられていることを理由に違法性の承継を否定することは、かかる法の趣旨に反するというのである。

ここでは、違法性承継の問題処理に当たって、法の趣旨を考慮に入れるという当然の姿勢は見てとれるが、注目すべきは、遮断効果の認否に直接に関わる法の趣旨が奈辺にあるかの判断について、その視座が旧承継理論の主張する行為の関係の類型に置かれ、先行行為と後行行為とが相結合して一つの効果を形成する一連の行政行為であることから、機械的に、「行政手続及び内容の適正さの担保」という趣旨を導き出しており、論理の運びと結論は説得的ではない。

いみじくも、名古屋地裁判決が先に引用した判旨で認めているように、「事業認定と収用裁決は、その直接の効果は異なる」こと、収用委員会に審査権限が与えられていないことなどを考慮に入れると、先行の事業認定に対する争訟の機会を設けた法の趣旨は、名古屋地裁判決の挙げる「行政手続及び内容の適正さの担保」だけに限定的にあるというのではなくて、それと並んで、一歩譲っても副次的には、「事業認定の早期確定と収用裁決の安定確保」にもあると解さねばならない。不幸にして、個別具体的なケースにおいて、それらの趣旨が調和せず対立する場合には、違法性承継の問題処理の際にとるべきもう一つの姿勢、すなわち、事業認定を出訴期間内に争うことができなかった特段の事情がある場合に、事業認定の遮断効果を否定することによって、行政の安定と国民の権利救済を調和的に処理するのが適切ではないかと思われる。

【注】

(1) 千葉地判昭和六三年六月六日判時一二九三号五一頁。

(2) 特措法は、収用法に基づく土地を収用等することができる事業のうち公共性および緊急性が特に高いと認められる事業（特定公共事業）における土地の取得に関し、一般法である収用法に対して特例的内容の規定を定めたものである。その特例的内容の一つに緊急裁決の制度がある。これは収用または使用の裁決（以下収用裁決という）において損失補償の内容が複雑多岐にわたる場合に、裁決の申請から裁決までに相当の期間を要することがあり、そのために用地の取得が遅れ、事業の施行に支障を及ぼすことが多いことから、収用裁決が遅延することによって事業の施行に支障を及ぼすおそれがある場合には、企業者の申立てによって、損失の補償に関する事項でいまだ審理が尽くされていないものがある場合でも、収用委員会は概算見積りによる仮補償金を定めて緊急裁決としての収用裁決（権利取得裁決または明渡裁決）ができるとする制度である。

(3) 東京地判昭和六三年六月二八日 判時一二八三号五九頁。

(4) 前掲東京地判を紹介する判時一二八三号五九頁のコメント。

(5) 前掲千葉地判を紹介する判時一二九三号五一頁のコメント。

(6) 名古屋地判平成二年一〇月三一日判時一三八一号三七頁。

(7) 行政裁判所明治三八年二月一〇日判決（三七年二〇八号事件）は、「土地ヲ収用スルコトヲ得ル事業ノ認定権ハ内閣ニ属シ収用審査会ハ土地収用法第三五条所定ノ事項ニツキ裁決権ヲ有スルニ過ギズ従テ其ノ裁決ヲ不法トシ訴訟ヲ提起シタル者ハ内閣ノ認定ニ対シテ論争スルコトヲ得ス」と判示するが、その後もこれが維持された（美濃部達吉・公法判例体系上巻六三一頁参照）。

(8) 田中ほか・行政事件訴訟特例法逐条研究一八七頁田中（真）発言参照。

(9) 行政裁判所大正一三年二月二八日判決、なお事件の概要等については美濃部・前掲書六三一頁以下を参照した。

(10) 美濃部・前掲書六三〇頁以下参照。

(11) 美濃部・前掲書六三二頁。

(12) 美濃部・前掲書六三三頁。

(13) 行政裁判所昭和一九年七月八日判決（行録五五巻一一〇頁）。
(14) 大阪高決昭和三〇年十二月二一日行裁例集六巻一二号二九三六頁。
(15) 宇都宮地判昭和四四年四月九日行裁例集二〇巻四号三七三頁。東京高判昭和四八年七月一三日行裁例集二四巻六・七号五三三頁。
(16) 課税処分と滞納処分の間では一般に違法性の承継が否定されているが、課税処分が違法の処分として取り消された場合には、滞納処分もまた取り消しうべき処分とされる（京都地判昭和三一年五月二三日行裁例集七巻五号一一三二頁）。
(17) 美濃部博士は公定力の語をその著『日本行政法』第一巻（有斐閣、明治四一年）において初めて用いている。詳しくは、宮崎良夫・行政争訟と行政法学を参照。
(18) 美濃部達吉・公法と私法（日本評論社・一九三九年）一二一頁。
(19) 行政行為の公定力の形成と展開については、宮崎良夫・行政争訟と行政法学一九七頁以下が詳しく、本章でもこれを参照した。
(20) 美濃部達吉・日本行政法上巻（有斐閣、一九三六年）二五七～九頁。
(21) 田中二郎・行政法総論三二五頁参照。
(22) ちなみに、黒田博士は、公定力から行政行為の適法性の推定を導き出すことはできない、また適法性の推定を訴訟法上の推定にまで高めて原告に立証責任を課すことはできないと批判され（黒田覚「適法性の推定と税務訴訟の立証責任」税法学七号一頁以下）、広岡博士も、公定力は行政法関係の安定性、行政の円滑な継続的運用の見地から法政策的に行政行為に付与されるものであって、行政行為における行政権の判断が裁判所の公権的法律判断と同様のものとして通用するものと考えることはできず、行政行為に適法性の推定を語ることはできないと批判された（広岡隆「行政行為の公定力といわゆる適法性の推定」関西外国語短期大学研究論集三号九五頁以下、同・行政上の強制執行の研究四一六頁以下参照）。その後、兼子博士（兼子仁・行政行為の公定力の理論）、遠藤博士（遠藤博・行政行為の無効と取消）らによる批判の集積があって、公定力は本文記載のように解されている。
(23) 宮崎・前掲書二八八頁参照。
(24) 塩野宏・行政法Ⅰ一一〇頁参照。

(25) 小早川光郎「先決問題と行政行為」公法の理論上（田中古希）三七三頁以下。

(26) 小早川・前掲論文・公法の理論上三八八頁、三九〇頁。

(27) Hans-Uwe Erichsen und W.Martens.Allgemeiness Verwaltungsrecht.Neunte Auflage,S.336.

(28) Vgl.68 Abs.1 VwGO（Verwaltungsgerichtsordnung vom 21.1.1960）.

(29) Vgl.58 Abs.1 VwGO.

(30) Vgl.48 ,51 Abs.1 VwVfG（Verwaltungsverfahrensgesetz vom 25.5.1976）.

(31) Hans-Uwe Erichsen und W.Martens, a.a.O.,S.329.

(32) 岡田春男・行政判例百選Ⅰ〈第四版〉一九一頁。

(33) この点は、足立忠夫・土地収用制度の問題点六一頁も指摘するところである。

(34) 昭和三四年四月二一日の通産省公益事業局長宛の建設省計画局長通知「土地収用法による事業の認定の申請について」（建設省発令第一二六号）参照、なお、足立・前掲書四〇頁以下に詳しい。

(35) 足立・前掲書三七頁以下参照。

(36) 詳しくは、岡田春男「行政行為における違法性の承継」大阪学院大学法学研究一〇巻一・二号二〇七頁以下参照。

（民商法雑誌　一一三巻三号　一九九四年）

第三章　ドイツにおける行政行為の再審手続――違法性の承継との関連において――

一　はじめに

福岡高裁平成六年一〇月二七日判決[1]は、土地収用法上の事業認定と収用裁決との間で違法性の承継を否定した最初の高等裁判所の判例として注目される。

事件の概要は、国の遠賀川改修工事に伴って、福岡県土地収用委員会がXらの所有地につき収用裁決（権利取得裁決および明渡裁決）をしたことから、Xらが右収用裁決は違法の事業認定に基づくものであるから違法であり、裁決手続もまた違法であるとしてその取消しを求めたものである。

第一審の福岡地裁平成五年一二月一四日判決は、明渡裁決の取消しを求める部分については、それに基づく代執行が完了していることから、取消しを求める利益が消滅したとして訴えを却下し、権利取得裁決の取消しを求める部分については、Xらが主張するような裁決手続の違法は認められず、また事業認定に違法があることを理由として裁決の取消しを主張する点についても、Xらが別件として提起していた当該事業認定の取消訴訟においてその違法を主張する機会を与えられており、同訴訟においてXらの請求が棄却され、控訴審に継続中であることに鑑みて、本件訴訟でさらに事業認定の違法を主張する利益はこれを認めることができない、として請求を棄却した。

福岡高裁判決は、Xらの控訴を棄却したが、事業認定の違法を収用裁決が承継するかの点については、「本件事業認定が当然無効とされるような重大かつ明白な瑕疵はないことが認められる上、事業認定そのものの違法性についてはその取消訴訟において主張・判断されるべきものと解されるから、本件訴訟において事業認定自体に違法があることを主張して本件各裁決の取消しを求めることはできない」との判断を示して、事業認定の違法は本件取消訴訟の違法事由にならないとした。

第一審判決および福岡高裁判決は、違法性承継の原則的遮断とその例外という視座に立つものであり、その論理の展開と結論はこれを支持することができる。ただこの事件では、Xら被収用者が事業認定の取消訴訟を提起していることから、違法性承継の原則的遮断の例外すなわち事業認定を不可争ならしめたXら被収用者の特段の事情の有無については、当然ながら吟味されなかったので、違法性の承継を遮断した判断のみが際立つ結果となった。そのためでもあるまいが、違法性承継の原則的遮断には例外があることについて、消極的な見解がときに見受けられる。

たとえば、「違法性の承継の有無は客観的に決定されるべき問題であって、個々の原告の具体的事情によって異なるものではない」という松谷判例評釈の見解がそれであり、(2) また福井教授の「同じ処分であったとしても、相手方によって、違法性の承継を認める場合と認めない場合の双方が想定されることになる。……先行行為に対する争訟を利用できなかったという特殊な場合にあっては、損害賠償請求等別途の形態による救済の余地も存在すると思われる」という主張にもそれが窺える。(3) 結局は、「違法性の承継を認めること自体が行政事件訴訟法の例外の許容なのであるから、明文の規定で認める場合以外は違法性の承継を否定するのが本来の姿であろう」と主張される。(4)

右に述べた消極的立場による批判は、旧承継理論のように行為の関係の類型から違法性の承継の有無を判断する場合には、「違法性の承継の有無は客観的に決定されるべき問題」であって、同じ処分が「相手方によって、違法性の承継を認める場合と認めない場合の双方」があってはならず、当を得ているということができる。しかし、新承継理論に対する批判なり修正としては支持できない。なぜなら、消極的見解の主張は、そこではまったく触れられていないが、課税処分の当然無効に関する最高裁昭和四八年四月二六日判決(5)と整合するものではなく、また、違法性の承継の問題が不可争力の生じた行政行為に対する再審査手続が存在しない法制度の下での議論であることが十分には認識されていないからである。看過されている二つの事情を簡単に指摘して批判的見解に応え、ドイツ行政手続法が定める不可争力の生じた違法の行政行為に対する再審査手続を紹介することにする。

二　最高裁昭和四八年四月二六日判決と違法性承継の理論

無効の行政行為と取り消しうべき行政行為の区別の問題は、相手方である私人に着目すると、本来なら出訴期間内に取消訴訟によるべきであるにもかかわらず、これをしなかった者について救済の途を開くかどうかの問題である。(6) その意味では、違法性承継の問題と一脈通じるところがある。無効の行政行為と取り消しうべき行政行為を区別する標準について、判例・学説を支配しているのは、重大明白説である。[7]これによれば、無効の行政行為とは、行政行為に内在する瑕疵が重要な法規違反であることと瑕疵の存在が明白であることとの二つの要件を備えている場合とされる。

この重大明白説の立場からは、重大明白な瑕疵があれば行政行為は当然無効である反面、そうでなければ無効ではないから所定の手続によって取消しを求めるしかないという、無効と取消しをカテゴリカルに峻別する論理の下に、少なくとも表面的には、瑕疵ある行政行為がそれを争うべき立場にある者から所定の手続で争われることのないままに推移したことにつき、具体的にいかなる事情があったかは、無視されることになる。[8]

注目されるのは、重大明白説の機械的適用を避けて、要件を緩和した最高裁昭和四八年四月二六日判決[9]の存在である。右最高裁判決は、課税処分の違法が滞納処分に承継されないことまで視野に入れていたかどうかは判然としないが、具体的事実関係を綿密に分析して、「徴税行政の安定とその円滑な運営の要請を斟酌してもなお、不服申立期間の徒過による不可争的効果の発生を理由として被課税者に右処分による不利益を甘受させることが、著しく不当と認められるような、例外的な事情のある場合には」、重大の瑕疵あることをもって無効としている。[10]

最高裁判所は、重大明白説の適用においてであれば無視されるべき被課税者の例外的事情を考慮して、その適用範囲を限定したのであるが、この判例の存在は、違法性承継の原則的遮断の例外に対して向けられる、「違法性の承継の有無は客観的に決定されるべき問題であって、個々の原告の具体的事情によって異なるものではない」、等の先に述べた批判に対する反論となり得る。

三　ドイツにおける再審査手続と関係人の権利保護

一　ドイツ再審査手続の意義

ドイツ行政法学では相連続する行政行為間における違法性の承継が否定される。強制執行に係る権利保護の際に典型的に現れる。たとえば、家屋の老朽化を理由とする除却命令を不可争ならしめた者は、行政代執行の戒告と決定に対して、家屋は老朽なんか全然してないとか、そもそも除却命令が比例原則に反するとかいう抗弁をなすことが許されない。強制執行の基礎となっている行政行為に不可争力が生じた後は、それに瑕疵があったということでは、執行行為の違法を理由づけることは許されない。行政裁判所法（Verwaltungsgerichtsordnung）の定める取消訴訟の出訴期間が実際上空洞化してしまうことがその理由として挙げられている。[11]

もっとも、ドイツでは、争訟提起期間の遵守についてはそれなりの配慮がなされており、[12] 仮に不可争力が発生した後も権利保護の機会がまったくないわけではなく、取消しまたは授益的な二次決定（Zweitbescheid）をめざす義務づけ訴訟（Verpflichtungsklage）を提起して、執行されるべき行政行為それ自体の排除を求めることができる。[13] かかる法的救済の途を開くのが行政手続法（Verwaltungsverfahrensgesetz）の定める再審査手続（Wiederaufgreifen des Verfahrens）にほかならない。この点は、わが国の事情と大いに異なる。

「違法性の承継を認めること自体が行政事件訴訟法の例外の許容なのであるから、明文の規定で認める場合以外は違法性の承継を否定するのが本来の姿であろう」という主張は、ドイツと同じように違法性の承継を画一的に遮断する見解であるが、わが国の行政手続法（平成五法八八）には不可争力の生じた行政行為の再審査手続が存在しないことを考慮に入れると、右の主張に直ちには賛同できない。不可争力の生じた行政行為の再審査手続が存在しないうえは、違法性の承継の遮断はこれを原則とし、先行処分の取消訴訟の厳守を要求することが妥当でない例外的事情がある場合に、違法性の承継を認めることによって権利救済の万全を期するのが望まれる。

違法性の承継の問題に、解釈論上、直接寄与するものではないが、違法性の承継を画一的に遮断するからには、不可争力の生じた先行行為に対する権利保護の面での手当てが必要であることを確認する意味で、ドイツの再審査制度を紹介することとする。

二　ドイツ行政手続法の定める再審査手続

行政裁判所法（Verwaltungsgerichtsordnung vom 21. Januar 1960）四〇条もしくは四二条一項により、行政行為に不可争力が生じる前であれば、利害関係人はそれを取消訴訟で争うことができるし、あるいは、義務づけ訴訟で拒否された行政行為の発動宣告を求めることができる。そこで、違法の行政行為の排除が特に問題になるのは、行政裁判所法七〇条と七四条に定める異議審査請求（Widerspruch）と訴訟の提起期間を経過した後のことである。

不可争力の生じた行政行為は、行政庁が完結して不可争となった手続を再審査した場合に、これを排除する可能性が開かれるが、行政手続法（Verwaltungsverfahrensgesetz vom 25. Mai 1976）五一条と四八条がこの再審査の手続（Wiederaufgreifen des Verfahrens）について定める。

①　行政手続法五一条による再審査

行政手続法五一条は不可争となった行政行為で完結した行政手続の再審査について定める。これは行政行為の関係人の申立てによって開始される。もともとこの規定は、一九六三年、一九六六年および一九七〇年の行政手続法草案には含まれていなかったのであるが、連邦行政裁判所一九七一年一二月一六日判決[14]において再審査の規定を欠く手続規定は憲法違反ではないかとの疑問が提示されて、これを契機に一九七三年草案に急遽盛り込まれ、現行規定として成立をみたということである。[15]ちなみに、一九七六年に制定された行政手続法五一条は次のように規定する。

(一)　行政庁は、つぎの各号に掲げる場合には、関係人の申立てにより、争うことができなくなった行政行為の廃止または変更について決定しなければならない。
(1)　行政行為の基礎となる事実または法状態を、事後に関係人の利益に変更したとき。
(2)　関係人に有利な決定をもたらすであろう新たな証拠方法が提出されたとき。
(3)　民事訴訟法五八〇条の規定に対応する再審事由が存在するとき。
(二)　申立ては、関係人が重大な過失なしに、再審査についての理由を従前の手続において特に法的救済により主張することができなかった場合に限り、許される。
(三)　申立ては、三カ月以内にしなければならない。この期間は、関係人が再審査についての理由を知った日から開始する。
(四)　申立てについては、三条の規定により権限を有する行政庁が決定する。このことは、その廃止または変更が求められた行政行為が他の行政庁により行われた場合にも、適用する。
(五)　四八条一項一段および四九条一項の規定は、適用を妨げられない。

五一条一項の規定を一見して明らかなように、行政庁は、そこに挙げられた再審査の理由が存在する場合には、関係人の申立てに基づき、不可争となった行政行為の廃止または変更（Aufhebung oder Änderung）について決定しなければならない。

五一条一項による行政手続の再審査は関係人の申立てに基づくもので、その審査は三段階の過程を踏んで行われる。第一段階は、関係人の申立ての適法性に関する審査であって、たとえば、廃止もしくは変更が求められている行政行為は不可争となっているかどうか、当該行政行為によって関係人が侵益されているかどうか、あるいは、再審査についての理由を知った日から三カ月以内に申立てがなされているかどうかなどについて、審査される。第二段階は、関係人の申立てが理由づけられるかどうかという審査で、再審査の理由の存否が対象となる。第三段階では、第一段階および第二段階をクリアした適法にして理由のある申立てについて、新たになされるべき処分に関する審査が行われる。(16)

② 行政手続法四八条による再審査

行政手続法四八条一項第一文は、「違法の行政行為はそれを争うことができなくなった後においても、その効力の全部または一部を、将来または過去に向かって取り消すことができる」と定めている。

行政庁が行政行為の取消しに関する決定をするに当たっては、それに先立って、事案を審査しなおすべきか否かについて判断する必要がある。行政庁は、見直しの必要がないと判断すれば、「反復措置（wiederholende Verfügung）」を行い、見直しの必要があると判断すれば、行政手続法四八条一項第一文に基づく決定、すなわち「二次決定（Zweitbescheid）」を行うべく新たに事案を審査することになる。これはすでに完結した行政手続に係るものであって、その限りでは、五一条所定の再審査にあたるものである。(17)

四八条一項は、五一条による再審査が義務的であるのに対して、再審査に関する決定を行政庁の裁量に委ねていることから、再審査に当たっては、違法の行政行為をそのまま維持することによって確保される法的安定性と、取り消すことによって実現される実体的・具体的正義との間の兼合いが考慮される。個別具体的ケースの判断に当たっては、関係人の受ける不利益の程度、行政行為がなされてから経過した期間等が顧慮され、また、手続の再開に伴う行政費用も考慮の対象とされている。申立人が最初の決定（行政行為）を審査させる可能性（異議審査請求）を利用しなかった、つまり争訟提起期間を漫然徒過した場合には、再審査について不利とされている点は注目される。関係人の主張から審査理由を基礎づけるもの（たとえば具体的な違法の指摘）が明らかにならない場合には、行政庁が再審査を拒否することは瑕疵ある裁量行使とはならない。

再審査するか否か、また、再審査の後に行政行為を廃止するか否かの判断に当たっては、行政庁はその裁量判断に瑕疵がないように行動する義務がある。その行政庁の義務に対応するのが関係人の無瑕疵裁量行使請求権である。無瑕疵裁量行使請求権は、行政庁の裁量を認める法規が少なくとも裁量の誤用（Fehlgebrauch des Ermessens）を非難する側の者の利益となるべく定められてあることが前提とされているが、行政手続法上、かかる前提が問題とされることはない。「不可争の瑕疵ある決定を関係人の有利に変更することを行政庁の裁量たらしめている法規は、正規の手続で行われた原処分の訂正に寄与することによって、一般の利益と個人の利益に関わっている」という認識が確立されているからである[18]。

三　ドイツにおける不可争処分の関係人に対する権利保護

不可争の侵益的行政行為の相手方に対する権利保護の問題は、当該処分の廃止（撤回ないし取消し）の申立てを行政庁が認容しない、あるいは、一部しか認容しない場合に生じる。

廃止の申立ての拒否は、再審査の手続（Wiederaufgreifen des Verfahrens）後の二次決定（Zweitbescheid）

として、あるいは、再審査を拒否してそのことを宣言する反復措置（wiederholende Verfügung）として位置づけられ、申立人は二次決定と反復措置をそれぞれ異なった方法で争うことができる。

①　二次決定に対する法的救済

二次決定（Zweitbescheid）に対しては、最初の処分（Ausgangsbescheid）に対するのと同じ法的救済が与えられる。行政庁は、二次決定によって、新たな事案決定（Sachentscheidung）を行うわけで、この二次決定は手続法上も実体法上も最初の処分に替わるものであって、最初の処分の不可争性には関わりがないからである。二次決定であるか反復措置（wiederholende Verfügung）であるかは、最初の処分と内容が同じ文言であるときに、果たして何れのほうであるかが問題となるが、特に重要な点で理由が変更されている、あるいは、法的救済の教示がされている場合には、二次決定であると判断されている。(19)

②　反復措置に対する法的救済

反復措置（wiederholende Verfügung）がなされた場合、すなわち行政庁が再審査の手続を拒否した場合にも、関係人に権利保護がないというわけでない。この場合には、再審査の拒否を争うことになる。請求の趣旨は再審査の手続を履践すると同時にそれによって処分の存続効ないし不可争力（Bestandskraft）を排除するという行政庁の決定を目論むことになるので、関係人の請求に整合した訴訟類型は、義務づけ訴訟（決定訴訟）である。

行政手続法五一条一項に定める要件の下で、右の決定が求められた場合には、訴えの資格（Klagebefugnis）は、問題とはならない。この規定が新しい事案決定の請求を根拠づけるからである。(20)行政手続法四八条の場合、訴えの資格は、再審査手続の決定に当たっての行政庁の無瑕疵裁量行使を求める権利からもたらされる。行政裁判所法四二条二項によれば、原告が行政行為の拒否または放置により権利を侵害されたと主張する場合に、義務づけ訴訟が許されるのであるが、反復措置に対する法的救済では、行政庁の裁量の誤用（Ermessensfehlgebrauch）によって無瑕疵裁量行使を求める原告の権利が侵害されていると主張することができる。最初の処分の不可争性は訴えの許容性に影響を与えるものではない。ここで問題にしている再審査手続における無瑕疵裁量行使請求権は、最初の処分のなされた後に生じたものであって、その不可争性にはその限りで除斥の効果（Praklusionswirkung）が帰属しないからである。[21]

行政裁判所法一一四条は、「裁判所は、行政庁がその裁量によって行動する場合においても、行政行為またはその拒否もしくは放置が裁量の法律上の限界を超え、または、授権の目的に適合しない方法で裁量が行使されたために違法となるかどうかについて、審査する」と定めるが、この規定の枠内で裁量瑕疵が存するとき、訴えは理由づけられる。

行政庁の再審査の拒否に裁量瑕疵がある場合の判決文は、行政裁判所法一一三条五項による。[22]その第一文にいう判決するのに熟している（spruchreif）ためには裁量がゼロ収縮していることが前提となる。裁判所が再審査の義務を宣告するのは、他のどの決定も裁量瑕疵となる場合だけである。そのため、通常は、同法一一三条五項第二文によって決定判決（Bescheidungsurteil）がなされることになる。この判決を契機に再審査の手続が履践されることになるが、その結果、最初の処分の違法性が確認されたにもかかわらず、その取消しが拒否された場合には、同法一一三条五項第一文による義務づけ判決（Verpflichtungsurteil）が見込まれることになる。[23]

四　わが国における行政手続の整備の必要

わが国の行政手続法（平成五法八八）は、不利益処分については、その事前手続として聴聞と弁明の機会の付与を定めるのみで、争訟提起期間を経過した不可争の不利益処分に対する審査手続に関する定めが存在しない。しかし、不可争の違法処分による不利益を相手方に受忍せしめるのが妥当でない場合もありうるわけで、わが国の行政手続法でも右に紹介したドイツの再審査手続のような制度を設けるべきである。違法性承継の理論は、行政行為が段階的に連続してなされる場合に、先行行為の出訴期間が経過した後に、後行行為には独自の違法がなくとも、後行行為の取消訴訟を提起して、先行行為の違法を理由に後行行為の取消しを求める途を確保するものであって、不可争処分の再審査手続の不備を補うものとしてもこれを評価できるのであって、違法性承継の原則的遮断の例外を否定すべきではない。

【注】

（1）福岡高判平成六年一〇月二七日訟務月報四一巻九号二二一七頁。なお、地裁判決としては、千葉地判昭和六三年六月六日判時一二九三号五一頁が先駆する。

（2）松谷佳樹「事業認定と収用裁決との間の違法性の承継（消極）」民事研修四七九号五七頁。

（3）福井秀夫「土地収用法による事業認定の違法性の承継」政策実現と行政法二五一頁。

（4）福井・前掲論文二八三頁。

（5）最判昭和四八年四月二六日民集二七巻三号六二九頁。

（6）塩野宏・行政法I一二〇頁。

（7）田中二郎・行政法上巻一四〇頁がその代表とされる。瑕疵の明白性が何人にとって明白であるかの問題については見解に対立があるが、最高裁判所は外観上一見明白説に立っている（最判昭和三六年三月七日民集一五巻三号三八一頁）。

（8）小早川光郎「行政判例百選I」一九八頁参照。

（9）最判昭和四八年四月二六日民集二七巻三号六二九頁。

(10) 最高裁昭和四八年四月二六日判決以後も、最高裁判所は重大明白説を放棄しておらず（最判昭和四八年一〇月二日シュトイエル一四一号三二頁）、同判決は重大明白説の妥当性を全面的に否定したものではなくて、その適用範囲を限定したものとして位置づけられている（塩野・前掲書一二〇頁、小早川・前掲判例批評一九八頁）。

(11) Hans-Uwe Erichsen und W.Martens. Allgemeiness Verwaltungsrecht.Neunte Auflage.S.336.

(12) ドイツにおいては、取消訴訟の提起に先立ち、異議審査請求（Widerspruch）をしなければならないが（Vgl.68 Abs.1 Verwaltungsgerichtsordnung）、異議審査請求の提起期間は争訟について教示がされないと開始せず、取消訴訟の出訴期間も異議審査請求の決定において同様の教示がないと開始しない（Vgl.58 Abs.1 Verwaltungsgerichtsordnung）。

(13) Vgl.Hans-Uwe Erichsen und W.Martens. a.a.O.,S.322. なお、行政行為の効力に関するドイツの学説について触れたものに、人見剛「行政行為の公定力の範囲―ドイツ法を素材とする一考察―」高柳古希・行政法学の現状分析二一九頁がある。

(14) DOV 1972 S.419ff.

(15) 以上の点については、Ule und Laubinger. Verwaltungsverfahrensrecht. S.261.

(16) 再審査の後に新たになされる処分がいかなる基準によって行われるべきかについて、一九七三年の行政手続法草案の公式説明では、行政庁が先になされた行政行為を変更する権限を行使するか、あるいは、その最初の処分に固執するかどうかは、原則として、基本法三条にのみ拘束される行政庁の自由裁量にあるということであった（Vgl..Ule und Laubinger. a.a.O.,S.268）、しかし、Ule und Laubinger は、かかる見解は再審査手続の価値を実際上減ずるもので従い難く、最初になされた行政行為が違法であると判明すれば、行政庁もそれを廃止し、新たな処分を実体法に応じてなす義務があると主張する（Ule und Laubinger. a.a.O.,S.268）。

(17) Vgl.Hans-Uwe Erichsen und W.Martens. a.a.O.,S.327.

(18) 以上の点については、Hans-Uwe Erichsen und W.Martens. a.a.O.,S.327. なお、Vgl.BVerfGE 44.333（335）.

(19) Vgl..Hans-Uwe Erichsen und W.Martens. a.a.O.,S.328. もちろん、最初の処分に対する訴訟で棄却の確定判決があった場合には、これと異なる判断は、事実および法律状態が変化していないときは、行政裁判所の判決の既判力によってできないことはいうまでもない（Vgl.BVerfGE 35.234（235ff）。

(20) Hans-Uwe Erichsen und W.Martens, a.a.O.,S.329.

(21) 以上の点については、Hans-Uwe Erichsen und W.Martens, a.a.O.,S.329. なお、無瑕疵裁量行使請求権については、田村悦一・自由裁量とその限界一九頁以下に詳しい。

(22) ドイツの義務づけ訴訟の認容判決には、義務づけ判決と決定判決の二様があって、裁判所は、事件が裁判をするに熟している場合には、行政庁が申請に係る処分をなすべき義務があることを宣言し（義務づけ判決）、一方、熟していない場合には、行政庁が原告に対して裁判所の法解釈を顧慮して決定をなすべき義務があることを宣言する（決定判決）。Vgl.113 Abs.5 Verwaltungsgerichtsordnung.

(23) 以上の点については、Hans-Uwe Erichsen und W.Martens, a.a.O.,S.329. の記述による。なお、義務づけ訴訟については、阿部泰隆「義務づけ訴訟論」公法の理論下Ⅱ（田中古希）二一〇三頁、野村武治「西ドイツ義務づけ訴訟と現代行政」が詳しいが、ベターマンの論文（Bettermann. Die Verpflichtungsklage nach der Bundesverwaltungsgerichtsordnung. NJW.1960.S.649）が、わかりやすい。

（大阪学院大学　法学研究　二五巻二号　一九九九年）

Ⅲ　行政上の義務の司法的執行論

第一章　行政処分の履行強制

一　はじめに——大阪高裁昭和六〇年一一月二五日決定——

一　事件の概要

昭和六〇年一一月二五日のことだから、やや旧聞に属するが、大阪高等裁判所は、行政処分の履行強制について私たちに興味深い決定を提供してくれている。事件の概要は次の通りである。

伊丹市では、かねてより、青少年の健全な育成を図るために、教育環境の保全に資することを目的として、教育環境を阻害するおそれのある建築物の建築等を規制すべく、「伊丹市教育環境保全のための建築等の規制条例」なるものを定めている。(1) これによれば、旅館業または風俗営業を目的とする建築物を建築（増改築および用途変更を含む）しようとする者は、あらかじめ市長にその建築の同意を得なければならず（条例三条）、市長は、規則で定める教育文化施設等特定の施設から一定の範囲の区域内（以下規制区域という）では建築の同意をせず（条例四条）、建築主が市長の同意を得ずに建築するときは、その建築の中止を命ずることができる（条例八条）ことになっている。

Ａ会社は、伊丹市内において、パチンコ店を経営する目的で鉄骨三階建ての建物の建築を計画し、条例三条に基づく同意申請をしたところ、建築予定地が規制区域内にあることを理由として市長から建築に同意しない旨の通知を受けた。しかし、建築基準法上、建築計画を実施すべく、通知の約四カ月後に伊丹市建築主事から建築確認処分を受けた。[2] 市長はＡ会社に対し建物の建築を思いとどまるよう通告したが、その後建築主をＡ会社の取締役Ｙに変更する旨の届出がなされ、Ｙが建築に着手したので、市長は、条例八条に基づいて、Ｙに対してその建築の中止を命じた。しかし、Ｙがこれに従わず建築工事を続行したので、伊丹市が建築工事続行禁止の仮処分申請をしたわけである。[3]

二　裁判所の判断

前述の事実関係を前提とする伊丹市の仮処分申請に対する大阪高等裁判所の判断は次の通りである。[4]

「相手方の前記建物の建築は本件条例に違反したものであって、伊丹市長のした建築の中止命令は適法なものと認められる。したがって相手方は、前記建物の建築を中止すべき行政上の義務を負担している。」

「本件条例には、建築中止命令に従わない場合に行政上これを強制的に履行させるための定めがなく、又その性質上行政代執行法上の代執行によって強制的に履行させることもできない。このような場合においては、行政主体は、裁判所にその履行を求める訴えを提起することができるものと解する。けだし、本件のように行政庁の処分によって私人に行政上の義務が課せられた以上私人はこれを遵守すべきであり、私人がこれを遵守しない場合において行政上右義務の履行確保の手段がないからといってこれを放置することは行政上弊害が生じ又公益に反する結果となり、又何らの措置をとりえないとすることは不合理であり、その義務の履行を求める訴を提起しうるとするのが法治主義の理念にもかなうものである。

このように行政主体が私人を被告として行政上の義務の履行を求める訴を提起することができる場合においては、右請求権を被保全権利として仮処分を求めることができるものと解する。」

「相手方は市長がした中止命令に従わず又その後の中止勧告をも無視して建築工事を続行しているのであり、建物が完成すると右中止命令の実効性がなくなる虞があり保全の必要性があるものと認められる。」

本決定が特に注目される所以は、市が建築中止命令に従うべき行政上の義務の履行請求権を被保全権利として、建築工事続行禁止の仮処分を求めたのを認めた点にあるが、伊丹市が中止命令の実効性を担保するために仮処分申請したのには、次に述べる行政上の強制執行制度についての余儀ない事情が背景となっている。

二　行政上の強制執行

一　行政上の強制執行の意義

行政庁の処分により、行政客体に一定の作為、給付、受忍または不作為が命じられた場合には、義務者が自ら進んでその義務を履行すべきであるが、ときによって履行されない場合がある。かかる場合に義務の履行を確保する手段として、行政上の強制執行がある。これは、行政機関がその独自の強制手段により、将来に向かって、義務者の心理を圧迫し、またはその身体・財産に実力を加えて、義務を履行せしめ、または義務が履行されたと同様の状態を実現する作用である。

このような強制執行の手段としては、強制徴収、代執行、執行罰および直接強制の四類型が伝統的に考えられているが、行政庁がこれらの手段によるときは、現代行政の基本原理である法治主義行政の建前より、法律の根拠を要することは言うまでもない[5]。

なお、周知のことであるが、強制徴収とは、金銭債権を強制的に実現する手段で、国税徴収法によると、滞納者に対する督促、財産の差押え、差し押さえた財産の公売処分、換価代金の滞納債権への充当という四段階の手続によって行われる。代執行は、他人が代わって行うことができる義務（代替的作為義務）の強制手続で、行政庁ないし行政庁の指定する第三者が義務者本人に代わって義務の履行を図り、それに要した費用を義務者本人から徴収する手続である。執行罰は、他人が代わって履行できない義務についてその不履行があったときに、一定期限を切ってそれまでに義務を履行しないときは一定額の過料を課すると通告し、その心理的圧力によって義務の履行を確保しようとする方法である。直接強制は、義務者が義務を履行しない場合に、直接、義務者の身体または財産に実力を加え、義務の内容を実現することをいう[6]。

二　欠陥と限界

以前には、強制徴収を除く行政上の強制執行に関する一般法として、行政執行法（明三三法八四）があって、行政庁は、これによって、代執行（五条一項一号）、執行罰（同項二号）または直接強制（五条三項）のいずれかをなすことができ、他方、行政上の金銭債権の執行については、国税徴収法が国税の徴収につき強制徴収の手続を定め、国の他の公法上の金銭債権についても、たいてい、個別の法律で上記手続が準用されていたから、同法は強制徴収に関する基本法としての実質を有していた（ちなみに、強制徴収のこのような仕組みは現在もほとんど変わっていない）。したがって、従前の行政上の強制執行は、その制度的完結性を有しており、およそいかなる行政上の義務の不履行にも対処しえたのである。

ところが、第二次大戦後まもなく、権力過剰行政に対する反省から行政の権力を抑制する方向において、行政執行法は、代替的作為義務についての代執行の手続を定めるに過ぎない行政代執行法（昭二三法四三）の附則によって廃止され、特別の強制執行の方法が法律によって特に定められている場合のほかは、行政上の強制執行は、すべて行政代執行法に従って実施されることとなった（一条）。その後、執行罰、直接強制について一般的に規律する法律は制定されていないから、今日では、行政庁は個々の法律によって規定された若干の例外を別として、執行罰ないし直接強制の手段によることはできず、代執行と従前の仕組みを踏襲した強制徴収より他に実効性のある義務履行の強制手段を有さなくなった。

なお、一般的に認められている代執行にしても、「非常の場合の救済手段である」との表現がときに冠せられるほどに[(7)]、行政代執行法がその要件について「他の手段によってその履行を確保することが困難であり、且つその不履行を放置することが著しく公益に反すると認められるとき」（二条）と厳格に定めているので、代替的作為義務の不履行があれば当然にこれをなしうるというわけではない。

さらに、注目すべきは、行政代執行法が、その第一条で、「別に法律で定めるものを除いては、この法律に定めるところによる」と規定し、条例による強制執行の手段の創設を認めていないことである。現行の行政上の強制執行の手段には上述のような欠陥ないし限界があるにもかかわらず、伊丹市が条例制定に当たって、市長に建築中止命令を発する権限を付与するにとどまって、その命令に従わない者に対する強制執行の手段を設けなかった事情がここにある。[8]

三　民事上の強制執行の利用

一方、私法上の法律関係において義務が履行されない場合には、権利者は民事訴訟を提起し、債務名義を得て、強制執行を申し立てるのが通常の方法であり、この民事上の強制執行はあらゆる義務の実現を可能にするように包括的に整備された制度的体系をなしている。そこで、伊丹市は、一般市民法の原則に立ち返って、司法裁判所に訴訟を提起し、積極的にその助力を求めることにしたわけである。

このような行政処分の司法的強制のやり方は、〈行政庁の命令の実効性確保は行政上の強制執行で〉という従来の伝統的な考え方からすれば、多少の馴染みにくさは否定できないが、あまりにも唐突なという感じはしない。すでに、昭和三〇年代中頃には、先達による行政上の強制執行の研究に、「アメリカ法制においては、行政的命令によって課せられた義務の実現を確保するについては、司法手続（judicial process）によって義務の実現を強行するいわゆる司法的強行（judicial enforcement）が原則となっていることは、多くの文献において認められているところである」との記述がある。[9]

三　司法的強制

一　その萌芽

アメリカ法制における司法的強行（judicial enforcement）は、学説の一部において注目されたが、国や地方公共団体がこれに積極的に取り組むにはなお時の経過を必要とした。もっとも、行政上の強制執行の手段が存在しない、あるいは、存在しても適切には機能しない場合に、国や地方公共団体が、ただ漫然と手を拱いて、義務の不履行を放置していたわけではなくて、それなりの努力をしている。そして、それに対する義務者の側の抵抗の過程において、司法的強制の可能性が司法権の側から示唆されることとなった。

まず、強制徴収の領域においては、法人税債務について保証した原告の法人税債務不存在確認請求事件における東京地裁昭和三九年三月二六日判決が注目される(10)。

国は、主債務の消滅で保証債務の消滅しないことを、時効中断の法律上の手段がなかったことで根拠づけようとしたが、裁判所は、「租税債務については、国は、いわゆる公定力のある処分をもって租税債務を確定することができ、民事訴訟法上の強制執行によるまでもなく滞納処分によって租税を徴収することができるところから、原則として国の側から民事訴訟を提起する必要がなく、したがって、通常は、国の側から民事訴訟を提起する利益は否定されることとなるが、それは、公法上の債務が、その性質上当然に民事訴訟に親しまないことによるものではなく、上の理由から原則として訴えの利益が否定されることによるものと解すべきである。したがって、時効中断のためというような特別の必要がある場合は、国の側から民事訴訟を提起することはなんら妨げられない」ものと解して、国の主張を退けた。

租税債務については督促という時効中断の方法があるが、督促によって時効を中断した後は、改めて時効が進行することを再度の督促によって中断できない。裁判所は、かかる場合における国の取るべき手段として、民事訴訟の提起を示唆したわけである。これにより、教示通りに国が時効中断を目的とする租税納付義務確認の訴えを提起したところ、岡山地裁昭和四一年五月一九日判決は、この訴えの利益を許容するところとなった。[11]

行政代執行の領域においては、大阪高裁昭和四〇年一〇月五日決定が注目される。[12]

茨木市役所職員組合に対する市庁舎の使用許可が撤回され、組合が市長の庁舎明渡しの要求に応じない場合に、市長が組合事務所内の存置物件の搬出の代執行をなし得るかどうかについて、大阪高等裁判所は、これを消極的に解したが、傍論として、庁舎の明渡しないし立退き請求について、「庁舎所有権に基づき、相手方の不法占拠を理由に明渡しないし立退きを求める民訴法上の訴えを提起し、あるいは仮処分を求めて、その強制的実現を図る方法もないではなく、行政代執行を許さないからといって、不当な結果を生ずるものではない」との見解を示し、司法的強制の可能性を示唆した。

かくして、行政処分によって課せられた義務の不履行という事態に遭遇して、国や地方公共団体が司法裁判所に訴訟を提起してその助力を求める例が散見されることとなった。そこで、今後の司法的強制の理論的展開と発展を期待して、ここで若干の理論的地ならしを試みることとする。[13]

二　種類と問題点

司法的強制の手段を便宜的に還元型司法的強制と直截型司法的強制とに分けることにする。

還元型司法的強制　行政上の義務違反があった場合に、観念的には別個の義務である民事上の義務の履行によって、行政上の義務の履行と同じ結果が得られる場合に、国や地方公共団体が私法上の権原に基づいて、民事上の強制執行を利用する場合を還元型司法的強制と呼ぶことにする。

一般に、公物管理者は、公物たる土地が不法占拠されて工作物が設けられている場合には、個々の公物管理法の規定（河川法七五条一項、道路法七一条一項、都市公園法一一条一項、港湾法三七条の三第二項など）に基づいて、工作物の除却命令を発し、不服従のときに代執行によって義務内容を実現することができるが、その際に代執行という手段をとらず、公物主体が土地所有権に基づいて土地明渡しないし物件収去の請求の民事訴訟を提起し、その判決に基づく強制執行、またはそれを本案訴訟とする仮処分を求める場合が一例である。(14)

上述の茨木市庁舎事件において示唆された方法はここにいう還元型司法的強制に当たる。(15)

また、外国の貨物船デルフィニー号が、強風にあおられ漂流して擱座し、防潮堤に激突あるいは海岸に乗り上げて破損転覆するおそれが生じたときに、大阪府は、港湾法三七条の三第三項に基づいて撤去を命じ、行政代執行法による代執行として、同船を引きおろし、安全な海域に曳航したが、その費用の徴収については、行政代執行法五・六条の規定によらず、海難救助料としての債権を主張した事件も還元型司法的強制に当たる。広島地裁呉支部昭和四五年四月二七日判決は、「手続的には、代執行という形式をとったとしても、客観的に海難救助の成立要件を満たす限り、大阪府の行為を海難救助というを妨げない」と判示し、代執行に要した費用は、一般的に強制徴収すべきものとする行政代執行法の趣旨にもかかわらず、代執行の手続によってなされた行為が同時に海難救助という私法上の行為たる性質をも帯有するところであったので、それに要した費用を海難救助として請求することを認めた。(16)

還元型の司法的強制においては、行政上の強制執行のできる義務についてまで、行政庁が行政上の強制執行の手段を避け、司法権に対して民事上の強制執行を求めることができるかという、行政上と民事上の強制執行の選択可能性の問題が生ずる(17)。

行政上の「強制徴収」の可能性は民事上の強制執行の可能性を排除するという考え方を、先達の巧妙な比喩を借りて、バイパス理論と呼ぶことにする(18)。

バイパス理論を支える典型的判例は、最高裁昭和四一年二月二三日判決（民集二〇巻二号三二〇頁）である。最高裁判所は、農業災害補償法八七条の二において、農業共済組合の組合員の共済掛金などについて行政上の強制徴収が認められていることに言及した後で、「法が一般私法上の債権にみられない特別の取扱いを認めているのは、農業災害に関する共済事業の公共性に鑑み、その事業遂行上必要な財源を確保するためには、農業共済組合が強制加入制のもとに、これに加入する多数の組合員から収納するこれらの金円につき、租税に準ずる簡易迅速な行政上の強制徴収の手段によらしめることが、もっとも適切かつ妥当であるとしたからにほかならない。……農業共済組合が、法律上、特にかような独自の強制徴収の手段を与えられながら、この手段によることなく、一般私法上の債権と同様、訴えを提起し、民訴法上の強制執行の手段によって、これらの債権の実現を図ることは、前示立法の趣旨に反し、公共性の強い農業共済組合の権能行使の適正を欠くものとして、許されないところであるといわなければならない」と判示した。

金銭債権の公共性からその強制徴収について行政独自の方法が認められている以上は、民事訴訟法上の強制徴収方法は排除されるのが立法趣旨に合するとするものであるが、およそ、租税債権が、国や地方公共団体の財産をまかなう、いわば共益費用的なものとして、最優先にこれを徴収せしめる必要のあることは否定し難いところであるから、[19] バイパス理論は租税債権のような大量的な金銭債権の場合に最も適合するわけで、学説も、おおむね、これを肯定している。[20]

一般に、法律が国や地方公共団体に行政上の強制執行という簡易迅速な手段を認めているときは、公益上の必要に基づいて、義務の能率的な実現を企図するために、そういう特権を認めたのであるから、その特権を行使することが法制度の要請に適合したやり方であると解せられ、迂遠な民事訴訟による必要はなく、訴えの利益もないということになろう。

そうであれば、バイパス理論は、行政上の強制徴収の際に特有にみられる理論ではなく、むしろ、普遍的に、行政上の強制執行の全般を通じて配慮されるべき理論かと思われる。

もっとも、行政は職権行動の特権を軽々しく放棄すべきではないという考え方が基本的には根底にあるわけだから、頑なにこの理論を奉戴して徹底する必要はない。公益実現のために認められる特権がその特権性を失うところでは、すなわち、行政上の強制執行権発動の制度ないし趣旨が十分に活かされない場合には、理論上の限界なり例外があってしかるべきで、その排他性は退くものと解する。

公物たる土地を不法占拠して設けられた工作物に対して除却命令を出すかどうか、さらに代執行するかどうかは、公物管理者の裁量に委ねられ、便宜主義が支配するところであるが、義務の不履行を放置することが「著しく公益に反する」とまでいえないときは、代執行は行うことができない。したがって、除却命令を代執行によって実現し得ない場合も起こりうるし、つねに代執行が迅速で能率的で便利であるとは必ずしもいえない場合も考えられるわけで、[21] かかる場合には、バイパス理論は自らが予定しているはずの例外・限界のケースとして後退し、国や公共団体に民事手段に訴えるという司法的強制の途が開かれるものと解する。

貨物船デルフィニー号事件は、行政代執行という権力行為の手続をもって行われた行為が同時に私法上の行為としてもみられる特異な事件であり、茨木市庁舎事件では、行政代執行に馴染まない非代替的作為義務が問題となっており、また租税債権の時効中断のための訴え提起も、行政上の強制執行権発動の制度・趣旨が活かされない場合であって、いずれもバイパス理論に抵触しないその限界なり例外に属するものであって、これらの例があることは、理論そのものを否定するものではない。

直截型司法的強制　国や地方公共団体が、行政処分の内容を実現するために、その履行を求める民事訴訟を提起して、勝訴判決を債務名義として民事上の強制執行を請求する、またはそれを本案訴訟とする仮処分を求める方法を直截型の司法的強制と呼ぶことにする。

冒頭に掲げた伊丹市条例事件は直截型司法的強制の好個の例である。

直截型の司法的強制を認めた先駆的判例として、岐阜地裁昭和四四年一一月二七日判決を挙げることができる。(22)

私人が河川法に違反して勝手に河川の土砂を採取したので、河川管理者が河川法七五条に基づいて原状回復命令を発し、義務が履行されないことから、国がその命令の履行を求める訴えを提起した事件である。国は、土砂の採取量からして、行政代執行法に定める要件を充足せず代執行できないものと思料して、出訴したものと思われるが、裁判所は、「本訴は河川法七五条による原状回復命令の履行を求める訴えであるが、同法には何ら強制執行の規定がない以上、非常の場合の救済手段である行政代執行法による代執行によらないで、裁判所にこれの履行を求める訴えを提起することも許されるものと解されるから、本訴は適法な訴えというべきである」として、訴えを受理し、原状回復命令の適法性を審査して給付判決をした。

この事件においては、行政代執行法の定めている要件さえ満たせば代執行が可能であり、また還元型司法的強制（たとえば土砂の返還請求の訴え）も考慮され得るケースであった。一方、先の伊丹市の事件では、市には直截型の司法的強制によるよりほかに途は残されていなかったので、冒頭の大阪高裁決定が司法的強制の事例として特に注目される所以がここにある。

直截型司法的強制の手段によるときに生ずる問題の一つは、処分に不可争力が生じている場合に、裁判所は行政処分の適法性をどこまで審査できるのかということである。言い換えれば、被告の立場に立つ行政処分の相手方は、行政処分の違法性をどこまで主張できるかということである。ちなみに、先に紹介した二つの事件では、裁判所はいずれも処分の適法性を簡単であるけれども審査している。

行政処分の相手方が取消訴訟と同程度に行政処分の違法事由を挙げて攻撃しうるとすれば、出訴期間に制限のある取消訴訟制度の趣旨と抵触するのではないかという懸念は多分にあるわけで、かかる懸念より出発すれば、行政上の義務の存否の確定は公定力のある処分で既に決定済みとし、国や地方公共団体はそれを前提としたうえで履行のためだけに司法権の力を借りるものだから、処分の相手方は無効原因しか主張できない、という考えに帰着することが予想される。しかし、このような考えに与することはできない。

なるほど、たとえば課税処分と滞納処分のように、一般的に義務を課する下命処分と行政上の強制執行との間には違法性の承継が否定されており、滞納処分段階で不可争力の生じた課税処分の違法を主張することは許されない。しかし、その場合における理論構成なり論拠を、行政法理論の整合性の確保に対する配慮から、直截型司法的強制の場合に、裸のままで持ち込むことは適切ではない(23)。

法律がときに下命権の授権法規と別途に行政上の強制執行の手段を法定していないのは、また行政代執行法が条例による行政上の強制執行の手段の創設を予定していないのは、行政独自の判断に基づく強制手段を実行することを、また人権保障の見地から条例によるかかる手段の創設を予定していないだけであって、国や地方公共団体が私人と同じベースで直截型司法的強制の挙に出る場合には、行政処分自体の適否についても、裁判所に判断してもらったうえでそれが適法だとしたら、その履行を司法権によって実現してもらいたい、ということであるから、行政上の命令やその基礎となっている法律・条例にまで遡って裁判所は審査できるものと解したい。

直截型の司法的強制の例として取り上げるべきものを寡聞にして前述の二例のほか知らず、手元の判例集でもそれ以外を発見できないのであるが、現行法制度の欠陥なり限界を考慮に入れれば、地方公共団体が独自の行政事務条例を定めて行政を推し進めていく過程では、その実効性を担保するために、直截型の司法的強制を利用するより他ない場合が、今後とも生ずることは十分に予測される。

その場合に、裁判官が行政処分の履行を命ずることは、行政処分に対して現行法律のいかなる規定も認めていない一種の執行命令を与えることになるとして[24]、直截型司法的強制の途を閉ざすなら、それは必ずしも望ましい態度ではない。国や地方公共団体が一般市民法の原則に立ち返り、行政庁が慎重な手続を踏んで、民事上の手続を借りるわけで、むしろ結構なことと評価すべきである[25]。

【注】

（1）　伊丹市教育環境保全のための建築等の規制条例（公布昭和四七年三月三一日伊丹市条例第八号、改正昭和六〇年三月二六日伊丹市条例第一五号）。

（2）　一般に、建築確認申請の審査対象は、建築物を規制する法規のうち安全、防火、衛生等に関する技術的規制法令への適合性のみに限られ（最高判昭和五五年七月一五日判時九八二号一一一頁参照）、建築確認を受けたからといって、市独自の建築規制条例に適合したものとはいえず、相手方は市長の中止命令に基づく建物の建築を中止すべき義務を免れるものでないことはいうまでもない。

（3）行政事件訴訟法四四条は仮処分の排除を定めているが、この規定は仮処分による公権力の行使の阻害を阻止するものであって、公権力の行使を阻害することとならないときは仮処分が可能である（南編・注釈行政事件訴訟法〔広岡隆〕三八三頁以降参照）。

（4）大阪高決昭和六〇年一一月二五日判時一一八九号三九頁。

（5）強制執行に当たっては、つねに下命権の授権法規とは別個のそれ自身の授権法規を必要とするというのが支配的見解である。これについては、広岡隆・行政上の強制執行の研究三六頁以降が詳しい。

（6）行政上の強制執行の一般的な仕組みについては、その簡明な説明が磯野弥生「行政上の義務履行確保」現代行政法体系2行政過程二二七頁以降にある。

（7）岐阜地判昭和四四年一一月二七日判時六〇〇号一〇一頁。

（8）条例制定権の範囲と限界については、高田敏「条例論」現代行政法体系8地方自治一六五頁以降に詳しい。

（9）広岡隆・行政上の強制執行の研究二六〇頁。

（10）東京地判昭和三九年三月二六日下民集一五巻三号六三九頁。

（11）岡山地判昭和四一年五月一九日行裁例集一七巻五号五四九頁。

（12）大阪高決昭和四〇年一〇月五日行裁例集一六巻一〇号一七五八頁。

（13）なお、司法的強制を論じたものに、ジュリスト増刊・行政強制一八頁、阿部泰隆「行政上の義務の民事執行」自治研究五五巻六号三頁、磯野弥生「行政上の義務履行確保」現代行政法体系2行政過程二二七（二五二）頁、小高剛「行政強制」基本法学八巻二六〇頁、広岡隆・行政強制と仮の救済八九頁、同・行政代執行法二五二頁、細川俊彦「公法上の義務履行と強制執行」民商法雑誌八二巻五号六四一頁、村井正「行政上の強制徴収」金子他編法学演習講座⑫行政法上巻二一五頁、矢代利則「公法上の債権と仮処分」司法研修報告書一七巻七号、畠山武道「行政上の強制執行と民事上の執行」行政判例百選Ⅰ〈第二版〉

二二二頁などがある。これらの文献で取り上げられていない、あるいは、論じつくされていない点について、本小論は寄与せんとするものである。

(14) 道路法四条や都市公園法二二条のように、公物管理法の中には、私権の行使を制限する規定があるが、このような規定の存在は、決して還元型司法的強制の可能性を否定するものではない。これらの規定の禁止している私権の行使は、公物の効用を害する権利行使に限られるのであって、京都地裁昭和五八年四月一一日判決（建設省道路局編・道路法関係例規集・五七六一・一四三）には、道路敷が国の所有であって地方公共団体が道路管理者としてその使用権を有するときは、道路管理者が当該使用を妨害する私人に対して、所有者たる国に代位して妨害排除を請求できるとある。

(15) もっとも、茨木市庁舎事件における職員組合の市庁舎の明渡しないし立退きの義務は、市庁舎の使用許可の撤回処分を契機に生ずるものであるが、公権力の行使によって創出されたものとはみられないので、その義務のよってくるところよりすれば、正確には、純然たる還元型司法的強制というより、その一亜種というべきかもしれない。

(16) 広島地裁呉支部判昭和四五年四月二七日判時六〇八号一五八頁。

(17) この問題は、司法的強制全般を通じて現れる問題であるが、還元型司法的強制では、その定義上、特に典型的に現れてくる。

(18) 塩野宏・ジュリスト増刊・行政強制一九頁。

(19) 村井・前掲論文二一九頁。

(20) 阿部・前掲論文一三頁、兼子仁・行政法総論二〇六頁は消極的である。なお、バイパス理論の提唱者である塩野教授が、強制徴収以外の強制執行の手段が存在する場合にも、その普遍性を支持されるのかどうかは明確ではない（注一八引用の文献における発言参照）。

(21) ちなみに、阿部・前掲論文一三頁は、かかる配慮からバイパス理論に消極的である。

(22) 岐阜地判昭和四四年一一月二七日判時六〇〇号一〇〇頁。

(23) 違法性の承継については、小早川光郎「先決問題と行政行為」田中古希上三七一頁、岡田春男「行政行為における違法性の承継」大阪学院大学法学研究一〇巻一・二号二〇七頁参照。

(24) かかる理由から、フランスでは行政処分の内容を実現する司法的強制については消極的で、とりわけ、Botton Farragi Clion

et prefet de la Seine, Paris 27 mai 1948. D.1948.413. note M.frejanville は有名な判例で、これについては、広岡隆「行政強制をめぐる問題点」田中古希上五〇七頁に紹介がある。

（25）新堂幸司・ジュリスト増刊・行政強制一六頁における教授の感懐でもある。なお、田中二郎・新版行政法上巻〈全訂第二版〉一七八頁注（3）には、行政上の義務の強制についても、特別の定めのない場合には、一般の原則にもどり、裁判所に訴え、その協力を求めることができるものと解するとあるが、果たして、直截型司法的強制までそこで想定されていたかは、今となっては知ることはできない。

（大阪学院大学　通信　第二二巻第一号　一九九一年）

第二章

行政上の義務の司法的執行

一　はじめに――最高裁平成一四年七月九日判決――

平成一四年七月九日は、直截型の司法的強制にとって受難の日となった。最高裁判所が、行政上の義務の履行を求める訴訟を裁判所法三条にいうところの「法律上の争訟」に当たらず、これを不適法として却下したからである(1)。

事件は歌劇団で有名な兵庫県宝塚市で起きている。同市の「パチンコ店等、ゲームセンター及びラブホテルの建築等を規制する条例」は、パチンコ店等、ゲームセンターおよびラブホテル（以下パチンコ店等という）の建築については、市長の同意を要するものとし、市長は都市計画法上の商業地域以外の用途地域では同意せず、同意を得ないで建築する者には建築の中止を命じることができる旨を定めている(2)。準工業地域におけるパチンコ店の建築計画について、市長の同意を得られなかったYが建築工事に着手し、市長の建築中止命令にも従わないために、宝塚市がYに対し建築工事を続行してはならない旨の裁判を求めたのが事件の概要である。

第一審[3]および控訴審は[4]、行政主体が行政上の義務の履行を求める訴訟を提起することが許されるかについては判断しないまま、右宝塚市条例が「風俗営業等の規制及び業務の適正化等に関する法律」（以下風営法という）および建築基準法に違反するとの判断を示し、同市の請求を棄却した。しかし、これに先立ってなされた神戸地裁伊丹支部による建築工事の続行禁止の仮処分決定では[5]、右条例が風営法に抵触するものではないとの判断が示されていたので、大方の期待は、右条例が風営法等の法律に抵触するかについて、最高裁判所の判断が示されるということにあった。

それというのも、行政上の義務の履行を求める民事訴訟が「法律上の争訟性」の要件を満たすことについて問題はない、という見解が既に示されており[6]、行政上の義務の不履行に対して民事執行の方法によることが可能であることは公法学会においても報告され[7]、これが通説的地位を占めることについては、ほぼ異論のない状況であったからである[8]。しかるに、最高裁判所は、当事者の争わない訴えの適否について、職権によってこれを検討し、行政上の義務の履行を求める訴訟は法律上の争訟として当然に裁判所の審判の対象となるものではない、として訴えを却下したのである[9]。

これは予想外の結果であって、識者のある者は[10]、最高裁判所による先例の見直しが容易には行われ得ないことを考慮に入れて、行政上の義務の履行を求める訴訟はひとまず死滅し、最高裁判所の判断を覆すのは立法しかないというに至っている。しかし、行政上の義務の履行を求める訴訟をこのまま死滅させるのはいかにも残念であり、また、直ちに立法による解決に走るのも不甲斐なく思われるので、これを「しっかりせよ」と抱き起こし、手当てを施すこととする。

最高裁判所の判旨はつぎの通りである。

「行政事件を含む民事事件において裁判所がその固有の権限に基づいて審判することのできる対象は、裁判所法三条一項にいう「法律上の争訟」、すなわち当事者間の具体的な権利義務ないし法律関係の存否に関する紛争であって、且つ、それが法令の適用により終局的に解決することができるものに限られる（最高裁昭和五一年（オ）第七四号同五六年四月七日第三小法廷判決・民集三五巻三号四四三頁参照）。国又は地方公共団体が提起した訴訟であって、財産権の主体として、自己の財産上の権利利益の保護救済を求めるような場合には、法律上の争訟に当たるというべきであるが、国又は地方公共団体が専ら行政権の主体として国民に対して行政上の義務の履行を求める訴訟は、法規の適用の適正ないし一般公益の保護を目的とするものであって、自己の権利利益の保護救済を目的とするものということはできないから、法律上の争訟として、当然に裁判所の審判の対象となるものではなく、法律に特別の規定がある場合に限り、提起することが許されるものと解される。そして、行政代執行法は、行政上の義務の履行確保に関しては、別に法律で定めるものを除いては、同法の定めるところによるものと規定して（一条）、同法が行政上の義務の履行に関する一般法であることを明らかにした上で、その具体的な方法としては、同法二条の規定による代執行のみを認めている。また、行政事件訴訟法その他の法律にも、一般に国又は地方公共団体が国民に対して行政上の義務の履行を求める訴訟を提起することを認める特別の規定は存在しない。したがって、国又は地方公共団体が専ら行政権の主体として国民に対して行政上の義務の履行を求める訴訟は、裁判所法三条一項にいう法律上の争訟に当らず、これを認める特別の規定もないから、不適法というべきである。

本件訴えは、地方公共団体である上告人が本件条例八条に基づく行政上の義務の履行を求めて提起したものであり、原審が確定したところによると、当該義務が上告人の財産的権利に由来するものであるという事情も認められないから、法律上の争訟に当らず、不適法というほかはない。そうすると、原判決には判決に影響を及ぼすことが明らかな法令の違反があり、原判決は破棄を免れない。そして、以上によれば、第一審判決を取り消して本件訴えを却下すべきである」。

最高裁判所の右判旨は、国または地方公共団体が専ら行政権の主体として国民に対して行政上の義務の履行を求める訴訟は、法規の適用の適正ないし一般公益の保護を目的とするものであって、「自己の権利利益の保護救済を目的とするものということはできない」から、法律上の争訟に当たらず、これを認める特別の規定もないから、不適法である、というにある。

なるほど、裁判所法三条一項は、「裁判所は、日本国憲法に特別の定のある場合を除いて一切の法律上の争訟を裁判し、その他法律において特に定める権限を有する」と規定している。その場合の「法律上の争訟」とは、法令の適用によって解決されるべき当事者間における具体的な利益の衝突による事件を意味しており、民衆訴訟のような客観的法秩序の維持を目的とする訴訟は「法律上の争訟」に該当せず、このような訴訟は法律の特別な規定に基づいて裁判所の審理権に属せしめられるにとどまる。これは学説・判例の一致した見解である。したがって、右最高裁判旨が一つの見解として成立する余地のあることは否定できない。

しかし、市長の建築中止命令に従わない者がいる場合に、市長（正確には地方公共団体）が提起する行政上の義務の履行を求める訴えを、民衆のうちの正義漢が提起する当該行政上の義務の履行を求める民衆訴訟と果たして同列に論じてよいものか、という素朴な疑念は払拭できない。本章では、右の素朴な疑念を視座として、地方公共団体が行政上の義務の履行を求める訴えに及ぶ過程を時系列に整理したうえで、右最高裁判決（以下最高裁平成一四年判決という）で否定された行政側の「命令への服従に関する請求権」について検討する。

二　条例による建築規制と建築主の抵抗

一　建築規制条例の制定と紛争の発生

多くの普通地方公共団体において、良好な生活環境を保全するためなり、青少年の健全育成に資するためといった目的で、パチンコ店やラブホテルの営業を目的とする建築物の建築規制がその地域の事務として行われている。かかる規制は、法律による行政の原理（Prinzip der gesetzmäßigen Verwaltung）を持ち出すまでもなく、地方自治法一四条二項が、「義務を課し、又は権利を制限するには、法令に特別の定めがある場合を除くほか、条例によらなければならない」と定めているので、当然ながら条例に基づいて行われている。典型的な例を先の宝塚市条例にみることができるが、普通地方公共団体の定める建築規制条例は、パチンコ店等の規制対象施設の建築について、①長の同意を要する、②長は一定の規制区域においては同意しない、③同意を受けずに建築する者には建築中止命令を発することができる、旨を定める点でおおむね共通している。(11)

ところで、建築主の建築計画は、建築基準法では、建築主事または指定確認検査機関（以下建築主事等という）による建築確認処分を受ければ、これを適法に建築することが可能である。しかし、普通地方公共団体が独自に定める建築規制条例は、建築確認対象法令、すなわち建築基準法六条一項にいう「建築物の敷地、構造及び建築設備に関する法律並びにこれに基づく命令及び条例の規定」には当たらないので、長の建築同意の有無は建築確認における審査対象とはならない。したがって、建築主事等の建築確認処分を受けても、なお建築規制条例に定める長の建築同意が得られないという事態が生じる。この場合に、建築主が行政指導に応じて建築を断念している限りはそれまでであるが、事業欲旺盛な建築主の場合には、当然ながら紛争が生じ、不同意決定の取消訴訟が提起されることになる。

これが建築規制条例をめぐる紛争の初期段階である。

二　不同意決定の取消訴訟

①　建築規制条例と法律先占論

普通地方公共団体は、地方自治法一四条一項の定めるところにより、国の法令に違反しない限りにおいて、その事務に関して条例を制定することができる。そこで、建築規制条例の目的条項は、〈法律の規制が存する場合、同一の趣旨・目的で条例がより高次の規制を加えることは許されない〉という法律先占論を考慮に入れて、建築基準法に抵触しないように配慮されてある。しかし、店舗型の風俗営業はこれを建物なくしては営むことができないから、建築規制条例が建築規制を標榜していても、その実際は営業規制に異ならず、不同意決定の取消訴訟の争点として、まずもって俎上に載せられたのは、建築規制条例が風営法等の国の法令に違反するのではないかということであった。

飯盛町旅館建築規制条例事件　条例が法律に違反すると判示され、話題を提供したものとして、長崎県飯盛町の「旅館建築の規制に関する条例」に関する事件がある。

旅館業法は、学校、児童福祉施設等の周囲おおむね一〇〇メートルの区域内では、旅館の設置によって清純な施設環境が著しく害されるおそれがあるときは、知事は旅館営業を許可しないことができる旨を規定する。飯盛町の右条例は[12]、旅館の建築については、町長の同意を要するものとし、教育・文化施設、児童福祉施設等の付近では、善良の風俗を損なわず、生活環境保全上支障がないと認められる場合でなければ、同意しない旨を規定しており、保育園から六〇〇メートル、中学校から七〇〇メートルの場所におけるXのモーテル類似施設の建築について町長は同意しなかった。Xがこれを不同意処分としてその取消しを訴求したのが事件の概要である。

第一審判決は[13]、旅館業法の右規定も飯盛町の右条例の規定も、善良の風俗の保持という目的からモーテル類似旅館業の規制を行うものであり、「旅館業法は、同一目的の下に、市町村が条例をもって同法が定めているより高次の営業規制を行うことを許さない趣旨である」として、法律先占論によって、条例の右の旨の規定は法律に違反して無効であると判示した。控訴審の福岡高裁判決は[14]、最高裁判所のいわゆる徳島市公安条例判決[15]を踏まえて、市町村の条例は必ずしも旅館業法以上の規制をすることができないわけではないが、必要な限度を超えてはならず、飯盛町の右条例は比例原則に違反して違法なものであるとした。

控訴審が参照した最高裁徳島市公安条例判決は、条例が国の法令に違反するかどうかについては、それぞれの趣旨、目的、内容および効果を比較することが必要であること、目的が同一であっても、国の法律が「普通地方公共団体において、その地方の実情に応じて、別段の規制を施すことを容認する趣旨であると解されるときは」「条例が国の法令に違反する問題は生じ得ない」としており、塩野教授も[16]、「具体的場合」における解釈の必要性は残るが、一般論としては首肯しうるところであるとしてこれを支持されている。そこで、飯盛町の旅館建築規制条例という格好の「具体的場合」を得て、最高裁判所がどのような判断を示すかが注目されたのであるが、条例廃止による訴え却下のために[17]、ついに示されることがなかった。

しかし、下級審ながら飯盛町の右条例については法律違反という判断が示されて、それを契機に右条例が廃止されたという事実は、建築主の「建築規制条例一般」に対する素朴な順法意識に少なからざる負の影響を与え、その後の建築中止命令に対する不服従の遠因になったものと思われる。

② 不同意決定の処分性

処分性とは、ある行政の行為が行政事件訴訟法三条に定める行政庁の処分その他公権力の行使に当たることをいう。これに当たらないときには訴えは却下される。

飯盛町事件の第一審および控訴審は、町長の不同意決定の処分性については疑義を入れずに、飯盛町条例が違法であると判断したが、それは飯盛町条例の同意制度を一種の許可制度と解したものと思われる。

しかし、建築規制条例としては先駆的であった飯盛町条例の同意制度には、その強制力に関わる中止命令や罰則に関する規定が存在しなかったことから、後になって右同意制度を勧告ないし行政指導のためのものと解し、不同意決定の処分性を否定する見解が示されることとなった[18]。

かくして、不同意決定の取消訴訟の争点として、新たにその処分性の有無が浮上することとなり、前橋地裁平成二年九月二七日判決[19]は、長の同意を得ずに建築する者に対する制裁としては、中止命令でなく中止勧告を定めるに過ぎない飯盛町条例とほぼ同様の群馬県赤堀町の規制条例の下で起きた事件において、右の見解に与して、不同意決定の処分性を否定し、不同意決定の取消しの訴えを却下した。問題は、制裁として中止命令や罰則について定めがある建築規制条例に基づいて不同意決定がなされた場合である。

三木市遊技場等建築規制条例事件　中止命令や罰則について定めのある建築規制条例下の事件で、不同意決定の処分性が否定されて、訴えが却下されたものの一つに、三木市遊技場等建築規制条例事件がある。パチンコ店の建築について市長の同意を得られなかった原告が不同意決定の取消しを求めた事件である。

神戸地裁平成一二年一〇月三一日判決は[20]、抗告訴訟の対象となる行政庁の処分について、かつて最高裁判所が示した「行政庁の公権力の行使として行われる行為のうち、その行為によって、直接国民の権利義務を形成し又はその範囲を確定することが法律上認められているものをいう」[21]との判断を踏まえて、「それ自体としては国民の法律上の地位ないし権利関係に何ら直接的な影響を及ぼすことのないものは、抗告訴訟の対象となる行政処分には該当しないというべきである」と判示し、三木市条例の目的および効果を確認したうえで、①不同意決定にもかかわらず建築等を行おうとする建築主に対して、市長は、計画の変更もしくは工事の中止または除却等を命ずることができるに過ぎず、不同意処分によって、原告が計画していたパチンコ店の建築確認の申請ができなくなるとか、建築等ができなくなるなどの法的効果を生じさせるものではないこと、②不同意決定に反して建築等を行ったからといって、そのことだけで直ちに罰則の適用を受けるとの規定はないこと、③不同意決定は同意申請をした者に対して、その計画の再考を促すことに目的があるに過ぎないこと、④工事中止命令等を発することができるとされているが、これらを発することを市長に対して義務づけることになっていないことなどを挙げて、「結局、本件不同意処分は、原告の法律上の地位ないし権利関係になんら直接的な影響を及ぼすものではないというべきである。したがって、本件処分は、抗告訴訟の対象となる行政処分には該当しない」として、訴えを却下した。

つまるところ、右神戸地裁判決は、市長の不同意決定を無視して建築等を行ったからといって、直ちに罰則の適用を受けるわけでなく、市長もまた中止命令等の不利益措置をとることを義務づけられていないことなどを挙げて、不同意決定の処分性を否定する。なるほど、不同意決定があっても、建築確認処分を受ければ建築基準法上は建築することが可能であって、条例に定める罰則の適用ないし中止命令の発令という可能性はまだ抽象的法律状態であるから、不同意決定の処分性を否定することにはそれなりの理由がある。それもあってか、不同意決定の処分性はこれを否定する見解が支配的である。(22)

建築主は、ここに建築中止命令を未然に予防する有効な手段の一つを失うことになった。

三　建築中止命令に対する予防的訴訟

不同意決定の取消しの訴えはその処分性が否定されるために却下される。そこで、建築主は、建築基準法所定の建築確認処分に依拠して、長の同意が得られないままに建築に着手するよりほかない。しかし、これは国の法令に違反せずとも条例違反は明白であるから、条例所定の監督処分すなわち建築中止命令が発令されるのは必定であって、建築主としては、これを事前に回避することができればこれに越したことはない。この監督処分を未然に阻止する法的手段として想定されるのは、平成一六年改正前の行政事件訴訟法の下では、(23)法定外の無名抗告訴訟としての予防的訴訟、すなわち処分権限不存在等の確認を求める予防的確認訴訟または処分の差止めを求める予防的不作為訴訟ということになる。

予防的訴訟が許されるか、許されるとしてその要件は何かについては、従前より議論されてきたが、近年の下級審の裁判例は、①行政庁の第一次判断権を実質的に侵害しない、②その処分がされることによって発生する損害が重大であって、事前の救済を認めるべき差し迫った必要性がある、あるいはこれに加えて、③他に救済を求める手段がない、という要件が具備された場合に限り、許されるとするものが大勢を占めている。(24)

最高裁判所の見解はどうかというと、予防的訴訟を全面的に否定することなくその可能性を認めているが、実際には訴えの利益を否定して却下しているので、予防的訴訟は有効な手段とはなり得ていない。[25] 次の事件にそれをみることができる。

横川川河川区域盛土事件　Xが自己の所有地について、将来河川法上の監督処分を受けるおそれがあるので、これを防止するために、①河川管理者が河川法上の処分をしてはならない義務があることの確認、②河川法上の処分権限のないことの確認、③当該土地が河川法にいう河川区域でないことの確認等を求めた事件である。

最高裁昭和六〇年六月六日判決は、これらをいずれも同趣旨の請求とみたうえで、Xにおいて、「河川法七五条に基づく監督処分その他の不利益処分をまって、これに関する訴訟等において事後的に本件土地が河川法にいう河川区域に属するかどうかを争ったのでは、回復しがたい重大な損害を被るおそれがある等の特段の事情があるということはできないから」、確認を求める法律上の利益を有するということはできない、とした。[26]

最高裁判旨は、Xの提起した予防的確認訴訟が法定外無名抗告訴訟に当たるか、当たるとして右三要件を満たすか、という角度からではなくて、確認の利益がXにあるかどうかという観点に立って問題を処理している。最高裁判所のこのような問題の把握ないし処理は今後とも維持されると思われるので、建築主の提起する中止命令に対する予防的訴訟は、市長の中止命令を受けた後の取消訴訟によって目的を達することができるという理由で、確認等訴えの利益が否定されて、却下されることは十二分に予想されることである。なお右最高裁判決には、Xの訴えを法定外無名抗告訴訟に当たるものとする伊藤正巳裁判官の補足意見があるが、右三要件中の事前の救済を認めるべき緊急の必要性がないとして、その適法性を否定しているので、事情は異ならない。

結局のところ、建築主には、予防的訴訟が訴えの利益の不存在を理由に封印されるので、建築中止命令を現実に受けるまでは、もはや法的手段を講じる途はない。一方、建築中止命令に対する不服従については行政上の強制執行が用意されていないから、現実に建築中止命令を受けたときには、取消訴訟をもはや提起せずにこれを無視する者が現れるのは、むしろ当然の成行きであった。

かくして紛争は、攻守ところを変えて、普通地方公共団体の側が建築主に対して建築中止命令の履行を求めて出訴する「行政による裁判の利用」という第二段階に突入する。

三　行政による裁判の利用

一　建築中止命令の履行を求める行政側の訴え

建築主が建築中止命令によって課せられた義務を履行しない場合に、普通地方公共団体が採択した手段は、その履行を求める民事訴訟[27]を提起するという直截型の司法的強制である。

直截型の司法的強制を認めた先駆的判例として、岐阜地裁昭和四四年一一月二七日判決[28]がある。私人が河川法に違反して勝手に河川の土砂を採取したので、河川管理者が河川法七五条に基づいて原状回復命令を発し、義務が履行されないことから、国がその命令の履行を求めて訴えを提起した事件である。国は、土砂の採取量から判断して、行政代執行法に定める要件を充足せず、代執行はできないものと思料し、出訴したものと思われる。

裁判所は、「本訴は河川法七五条による原状回復命令の履行を求める訴であるが、同法には何ら強制執行の規定がない以上、非常の場合の救済手段である行政代執行法による代執行によらないで、裁判所にこれが履行を求める訴を提起することも許されるものと解されるから本訴は適法な訴というべきである」とし、訴えを受理し、原状回復命令の適法性を審査して、土砂の原状回復を命ずる給付判決をした。

しかし、折角の右岐阜地裁判決であったけれども、直截型の司法的強制は、その後活用されることがなく、いばら姫の長い眠り（Dornröschenschlaf）につくこととなった。それが覚醒されるのは、昭和六〇年になってからのことである。

兵庫県伊丹市が、建築規制条例に基づく市長の建築中止命令に服従しない建築主を相手取り、建築続行禁止の仮処分を申請したところ、大阪高裁昭和六〇年一一月二五日決定[29]は、右岐阜地裁判決の論理、すなわち行政的執行の手段が用意されていない場合には、行政主体は命令の履行を求める訴えを提起することが許されるという考えを採用して、同市の申立てを認容した。

注目されるのは、右岐阜地裁判決が端的にそれを宣言するにとどまっていたのに対して、右大阪高裁決定は、「行政庁の処分によって私人に行政上の義務が課せられた以上私人はこれを遵守すべきであり、私人がこれを遵守しない場合において行政上右義務の履行確保の手段がないからといってこれを放置することは行政上弊害が生じ又公益に反する結果となり、又何らの措置をとりえないとすることは不合理であり、その義務の履行を求める訴えを提起しうるとするのが法治主義の理念にもかなうものである」として、その論拠を補足し、「このように行政主体が私人を被告として行政上の義務の履行を求める訴えを提起することができる場合においては、右請求権を被保全権利として仮処分を求めることができる」と判示したことである。

兵庫県伊丹市が採択した直截型の司法的強制という手段は、当時としては意表をつくものであったが、学説において好意的に迎えられ[30]、これを容認した右大阪高裁決定もまたその後の下級審判例によって支持されたこともあって[31]、行政上の義務の不履行に対しては民事執行の方法、すなわち直截型の司法的強制によることが可能であるということは、ほぼ異論のない状態となった。このことは冒頭述べた通りであって、建築規制条例の実効性は、これにより確保されることとなった。

二　建築中止命令の履行を求める訴えの問題点

学説および下級審判例に支持されて、順風満帆と思われた直截型の司法的強制であるが、小早川教授は、なお大別して二つの点が問題となると指摘された[32]。最高裁平成一四年判決の数年前のことである。

第一点は、「法令にもとづく義務に関しては行政の側に民事手続以外の義務履行確保手段——金銭債務に係る行政上の強制徴収や代替的作為義務についての行政代執行、あるいはまた刑罰等々——が用意されていることが多いのであるが、そのような場合に敢えて民事手続に訴えることが許されるかという問題である[33]」。

この問題は、義務違反に対する制裁としての刑罰を別とすれば、行政的執行すなわち「行政の側に用意された民事手続以外の義務履行確保手段」が民事手続を制限ないし排除するかという排他性の有無の問題であり、行政の側からすれば、民事手続（直截型の司法的強制）が承認された上での議論であり、義務の履行確保はいずれか一方の手段で得られるからして、今ここで取り上げねばならない緊急の問題ではない。したがって、行政による裁判の利用は右の前提では「原則として」消極に解するよりほかないというにとどめて、この問題については、本書第四部第一章「行政における一般排他性の原則」の記述に譲ることとする。

第二の問題は、「私人に対し法令にもとづく義務の履行を求める行政の側のいわば実体権の問題である[34]」。一般に、裁判所がその固有の権限に基づいて審判することのできる対象は、先に述べたように、裁判所法三条一項にいう「法律上の争訟」、すなわち当事者間の具体的な権利義務ないし法律関係の存否に関する紛争であって、かつ、それが法令の適用により終局的に解決することができるものに限られると解されている（最高裁平成一四年判決参照の最高裁昭和五六年四月七日判決）。そして、行政事件訴訟には、個人的な権利利益の保護救済を目的とする主観訴訟と、個人の権利利益の侵害を前提としない客観訴訟とがあるところ、前者は、個人の具体的な権利義務に関する争いであるから、裁判所法三条一項にいう「法律上の争訟」として裁判所の本来的な裁判権の範囲に属するのに対し、後者は、専ら客観的な法秩序の維持を目的とするものであって、個人の権利利益の侵害を前提としないから、司法権の当然の内容を成すものではなく、同項後段にいう「その他法律において特に定める権限」として立法政策的に裁判所の裁判権の範囲に属せられたものであると解されている。そうすると、行政主体が行政上の義務の履行を求める訴訟を提起することができるのは、行政主体が自己の権利利益に基づき保護救済を求めている場合か、またはこのような訴訟の提起を認める特別の規定が存在する場合ということになる。[35]

ここに、直截型の司法的強制の可否を決する重要な問題として、「行政の側のいわば実体権の問題」が意識されねばならない所以がある。

なぜなら、仮に、行政の側が行政処分によって私人に課した行政上の義務の履行請求権を有さないというのであれば、国または地方公共団体が財産権の主体として自己の財産上の権利利益の保護救済を求める場合（還元型の司法的強制の場合[36]）は別として、国または地方公共団体が専ら行政権の主体として国民に対して行政上の義務の履行を求める訴訟（直截型の司法的強制）は、専ら法規の適用の適正ないし一般公益の保護を目的とするものとなり、「自己の権利利益の保護救済」を目的とするものということはできないから、法律上の争訟として、当然に裁判所の審判の対象となるものではないという論理構成によって、直截型の司法的強制の手段が封殺されることになるからである。

しかし、小早川教授の折角の警世的問題提起であったが、筆者は、最高裁平成一四年判決に遭遇するまで、行政処分によって私人に課した行政上の義務の履行を求める行政側の請求権については、これを行政上の義務とは裏腹の関係にあるものとして、その存在にまったく疑義を抱かなかったのである。その理由は後で述べる。

三　判例・学説の立場と最高裁平成一四年判決

直截型の司法的強制を許容する判例・学説が、行政上の義務の履行を求める「行政の側のいわば実体権」について、どのように説明しているかといえば、次の通りである。

まず判例であるが、岐阜地裁昭和四四年一一月二七日判決は、行政上の義務履行確保の手段が存在しない場合には、原状回復命令の履行を求める訴えを提起することも許される、と端的に判示するだけで、行政上の義務の履行を求める行政側の請求権については沈黙している。一方、大阪高裁昭和六〇年一一月二五日決定は、行政主体が「行政上の義務の履行を求める訴えを提起することができる場合においては、右請求権を被保全権利として仮処分を求めることができる」と判示するにとどまり、必ずしも明確ではない[37]。

学説はどうかというと、阿部教授[38]は、「行政上の義務について行政徴収や行政代執行も働かず、行政主体が所有権などの私法上の権原に基づいてその履行を確保することも考えられない場合」の「民事上の請求権の根拠」として、「行政法規により課された義務は私法上のそれとなるという見方もあり得ないではないであろう」と主張されるだけで、それ以上の説明はされない。一方、細川検事は[39]、「私人が行政取締法規に違反する行動をとるときに、国ないし公共団体が常にこれを差止める請求権をもつかは、現行法の解釈として問題のあるところであろう」との認識の上で、民事上の請求権について、私人の負う公法上の義務の「違背は国ないし公共団体の行政に弊害をもたらすことになるので、多数国民の福祉を図る任務を帯びている行政府としては、私人の負う義務そのものが直接に果たされることを望むわけである」、国と私人との間のこの関係は、「私人が国に対して一定の義務を履行する債務を負い、公権力の側から私人に対して一定の義務の履行を求める債権を有するという債権債務関係であるということができる」と説明される。趣をやや異にするが、村上教授は、「行政側に、私法上の権原に比定される法益を探そうとせず、端的に、法律・条例に基づく行政上の権限と、この権限に由来する義務履行請求権を被保全的権利とみなしていくべきであろう」と主張される。[40]そこでは義務履行請求権が法律・条例に基づく行政上の権限に由来すると観念されてあるが、行政上の義務を一歩遡れば行政上の権限に行き着くわけで、右の阿部・細川説と基本的に同旨であると理解される。

判例・学説が行政上の義務の履行を求める行政側の実体権について説示するところは、右に見たように極めて簡単なものである。しかし、それらを通して窺えることは、およそ行政上の義務の履行を求める行政側の実体権が問題とされる場面において、私人の負う行政上の義務が語られており、その義務と裏腹の関係において、行政側の義務履行の請求権が暗黙裡に承認されているということである。

これが最高裁調査官の目にどのように映っていたかというと、従前の判例・学説のごとき「積極説は、行政主体は行政上の権限に由来する履行請求権を有するなどと主張するが、積極説のいう行政上の履行請求権等の具体的な内容は明らかではない上、私人が行政上の義務を負うからといって、直ちに行政主体と私人との間に債権債務関係があるとか、行政主体が私人に対して行政上の義務の履行を求める請求権を有するなどと解することは困難である」、というのである。[11]

したがって、最高裁平成一四年判決が「行政の側のいわば実体権」を否定して、国または地方公共団体が専ら行政権の主体として国民に対して行政上の義務の履行を求める訴訟（すなわち直截型の司法的強制）は、法規の適用の適正ないし一般公益の保護を目的とするものであって、自己の権利利益の保護救済を目的とするものということはできないと断じることによって、かかる訴訟は、法律上の争訟に当たらず、これを認める特別の規定もないから、不適法であるとの宣告をなしたのは、当然の成行きであった。

ここにおいて、建築規制条例の実効性は、直截型の司法的強制の手段が右最高裁判決の登場で終焉を迎えたことにより、大いに損なわれることとなった。

四　命令への服従に関する請求権

直截型司法的強制を承認する判例・学説は、行政上の義務の履行を求める行政の側の実体権を行政上の義務（ないし権限）との裏腹の関係として演繹するのに対し、最高裁平成一四年判決は行政の側の実体権を否定する。重複を厭わず引用すれば、「国又は地方公共団体が専ら行政権の主体として国民に対して行政上の義務の履行を求める訴訟は、法規の適用の適正ないし一般公益の保護を目的とするものであって、自己の権利利益の保護救済を目的とするものということはできない」とある。

そこでは、行政上の義務の履行を求める行政の側の訴訟目的を専ら法規の適用の適正ないし一般公益の保護にあると限定することによって、行政上の義務の履行を求める行政の側の実体権が否定されている。

しかし、行政の側に義務履行請求権が存在することを前提にすれば、「国又は地方公共団体が専ら行政権の主体として国民に対して行政上の義務の履行を求める訴訟」は、「自己の権利利益の保護救済」を目的とする以外の何ものでもなく、そこに「法規の適用の適正ないし一般公益の保護」という目的が看取されるなら、それは行政の側が行政上の義務の履行を求める訴訟を提起するに至った動機ないし契機ともいうべき副次的なものであって、それを専ら「法規の適用の適正ないし一般公益の保護」と限定的に解することによって、かかる訴訟は自己の権利利益の保護救済を目的とするものでないと結論づけるなら、それは乱暴というものである。

結局、最高裁平成一四年判決は理由を述べずに行政の側の義務履行請求権を宣言的に否定するものというよりほかない。もっとも、同判決に対する右の批判的評価もまた行政の側の義務履行請求権の存在を前提にした上でのことであるから、先に約束したように、行政処分により私人に課した行政上の義務の履行を求める行政側の請求権について、筆者が行政上の義務と裏腹の関係にあるものとしてその存在にまったく疑義を抱かなかった理由について、述べることとする。

行政処分により私人に課した行政上の義務の履行を求める行政側の請求権は、命令への服従に関する請求権といっても構わないが[42]、下命権の授権法規に由来するものと思料する。理論的には、一応、下命権の授権法規から、行政庁の権限は当然として、行政側の権利、さらには行政庁の権能をくみ出すことが可能である。

行政庁の権限　現代行政の基本原理は法律による行政であり、行政活動は国民代表議会で制定される法律をはじめとして法に従って行われなければならない。建築基準法の領域では、「国民の生命、健康及び財産の保護を図り、もって公共の福祉の増進に資する（同法一条）」という目的達成のために、その手段として特定行政庁による違法建築物の工事の施工の停止、建築物の除却・移転・改築・使用禁止等の命令規定がおかれている（九条）。

また、「宝塚市パチンコ店等、ゲームセンター及びラブホテルの建築等を規制する条例」（昭和五八年条例第一九号）では、市長による条例違反建築物の建築等の中止、原状回復等の命令規定がおかれている（同条例八条）。行政庁は、このような授権法規なくしては、私人に対して行政上の義務を課することができないわけで、下命権の授権法規の第一義は、かかる「行政庁の権限」を基礎づけることにある。

行政庁の権能　下命権の授権法規に基づく「行政庁の権限」行使により、私人に対して行政上の義務が課せられる。かつて広く行われていた学説によると、行政上の義務が履行されない場合において、強制執行は、それが執行罰のように下命による既存の義務以上ないし以外の負担を課するものであれば、それ自身の授権法規を要するが、強制執行が下命による既存の義務をそのまま直線的に実現するもの（直接強制がそれであるとする説もあり、代執行がそれであるとする説もある）であれば、その権限は下命権の授権法規によりすでに基礎づけられていて、あらためてそれ自身の授権法規を要しないとされる[43]。

そこでは、下命権の授権法規は、下命をなす「行政庁の権限」のみならず、行政庁が裁判手続を介在せずに下命した義務の強制執行を自力でなしうる「行政庁の権能[44]」を基礎づけるものと理解されている。かかる見解の掉尾を飾るものは、行政法講座第二巻行政法の基礎理論（有斐閣昭和三九年）所収の柳瀬教授の「行政強制」であって、以下に引用・紹介する[45]。

「行政執行においては、その方法が執行せらるべき義務の内容をそのままの形において実現するものである限り、執行そのものについては法律の規定のあることを必要としないことである。その理由は、一方においては、前に述べた如く、行政執行は執行せらるべき義務に依って既に加えられている個人の自由に対する制限を単に事実上に実現するにすぎないもので、即時強制の如く個人の自由に対して新に制限を加えるものではなく、従って法治主義の原則から言って、その方法が執行せらるべき義務の内容をそのままの形において実現するもので、それには含まれない新な制限又は負担を課するものでない限り、それ自身については法律の根拠を必要としないと解せられることと、他方においては、義務の存在を認めながら、法律の規定がない限りその不履行に対してそれを強制してその内容を実現する途はないものと解することは、義務を認めた法律の趣旨を没却し、これを無意味ならしめるものであることとにある。従ってこれを反対の側から言えば、行政機関に対し義務を命ずる権限を認めている法律の規定は、当然に、同時にその義務の内容をそのままの形において実現する限度において行政機関に対し行政執行の権限をも授与しているものと解すべきものであることとなるので、この点については反対の見解もあるが、少なくとも執行の方法が右の如く執行せらるべき義務をそのままの形において実現するものである場合には、このように解するのが正当と思われる。」

柳瀬教授の所説中、筆者が共感するところは、「義務の存在を認めながら、法律の規定がない限りその不履行に対してそれを強制してその内容を実現する途はないものと解することは、義務を認めた法律の趣旨を没却し、これを無意味ならしめるものである」という部分である。なぜなら、右の所説に行政側の義務履行の請求権を承認する根拠が示されていると考えるからである。しかし、それに続く、「行政機関に対し義務を命ずる権限を認めている法律の規定は、当然に、同時にその義務の内容をそのままの形において実現する限度において行政機関に対し行政執行の権限をも授与しているものと解すべきものである」との見解については、賛同できないし、今日ではこれに与する者はいない。

下命により義務を課することと、強制執行により義務の内容を実現することとは、性質上別個の作用で、自由に対する異質的な侵害であると考えられるから、法治主義を厳格に解するかぎり、強制執行に常に下命権の授権法規とは別個のそれ自身の授権法規を必要とすると解さなければならない[46]、との批判的見解が昭和四〇年代以降支配的となり、下命権の授権法規から強制執行という「行政庁の権能」を汲みだす考えは、今では支持者を見いだすことができない[47]。

行政側の権利

「官憲的命令を発する権限は、必要とあらば強制を用いることによって、これを実現する権利を包含する（Die Befugniss,obrigkeitliche Anordnungen zu erlassen, schliesst das Recht ein, dieselben-nötigenfalls unter Anwendung von Zwang-in Vollzug zu setzen.）」[48]という、有名な一般行政強制の原則はその支持を失い、現在の支配的見解は、命令を発する「行政庁の権限（Die Befugniss）」、正確には下命権の授権法規から行政執行という「行政庁の権能（das Recht）」を汲みだすことを否定することになったが、命令への服従に関する請求権ないし行政上の義務の履行請求権という「行政側の権利」までがその作業過程において否定されたとみるなら、それは正確ではない。

下命権の授権法規は、私人に対して行政上の義務を課する「行政庁の権限」の根拠規定であると同時に、権限行使によって義務の履行請求権が有権的に確定されるという意味において、「行政側の権利」形成を法的に承認する根拠規定でもある。かかる「行政側の権利」を下命権の授権法規に基づいて強制執行することができるかは、下命権の授権法規から右に述べた「行政庁の権能」までも汲みだすことができるかということにかかわるが、今日の支配的見解はこれを否定し、下命権の授権法規とは別途強制執行をなすための根拠法規が必要であるとする。注目されるべきは、その論証過程において、義務を課する行政行為は、それ自体行政権の側における請求権の提起であって判決のような請求権の有権的な確定とはみられないから、判決に基づく強制執行と行政行為に基づく強制執行とを同質のものとみることはできないという見解が示されたことである[49]。これは、「行政庁の権能」を否定する場合の論拠として主張される限りにおいて、説得力を有し、支持することができる。しかし、「行政側の権利」なる観念を「行政庁の権限」と「行政庁の権能」との間に想定した場合には、上記「義務を課する行政行為はそれ自体行政権の側における請求権の提起」であるということを字義通りに解してはならない。

義務を課する行政行為はそれ自体行政権の側における請求権の提起であって、判決のような請求権の有権的な確定とはみられないという命題は、下命権の授権法規に基づく「行政庁の権能」を否定する場合において首肯できるのであって、「行政庁の権能」を伴わない「行政側の権利」という視座から見れば、義務を課する行政行為は、行政行為の相手方との関係においては、行政庁による一方的な義務の履行請求権の提起であるにとどまらずその確定に他ならない。義務を課する行政行為はそれ自体行政権の側における請求権の提起であって判決のような請求権の有権的な確定とはみられないという場合に、「請求権の提起」という言葉は相手方が同意しないと確定しないように思われるが、そこにいう「請求権の提起」の本意は、行政上の強制執行という「行政庁の権能」を伴わない行政上の義務の履行を求める「行政側の権利」の一方的確定と理解する必要がある。

田中行政法学は、一般行政強制の原則に異を唱え、ここでいう「行政庁の権能」を否定したが、行政上の義務の履行確保について、「行政上の強制執行の法的根拠の欠けている場合に、行政自らの力によって強制することができないことはもちろんである。それでは、これらの場合に全く強制手段がないと解すべきであろうか。私は、行政法上の義務の強制についても、特別の定めのない場合には、一般の原則に戻り、裁判所に訴え、その協力を求めることができるものと解する[50]」。そこでは、下命権の授権法規という源泉から「行政庁の権限、行政側の権利および行政庁の権能」のうち、行政庁の権能の汲みだしのみが否定されていると理解せざるを得ない。

下命権の授権法規に基づく「行政庁の権限」行使により、私人の意向に関係なく行政上の義務が発生し、自力執行という「行政庁の権能」を伴わない義務の履行請求権が「行政側の権利」として確定的に発生する。

筆者が、行政処分に基づく義務の履行を求める行政の側のいわば実体権の存在について疑義を抱かなかったのは、右の如く思料したからである。行政上の強制執行の法的根拠の欠けている場合には、行政の側が義務の履行を求めて裁判所に出訴することになるが、出訴の実際上の目的が「法規の適用の適正ないし一般公益の保護」であっても、法律上の争訟という観点からは、それは副次的なものであって、右出訴の目的は義務の履行請求権という「行政側の権利」の保護を求めるものにほかならない。最高裁平成一四年判決が行政側のかかる訴えを、「法規の適用の適正ないし一般公益の保護を目的とするものであって、自己の権利利益の保護救済を目的とするものということはできない」との理由で、法律上の争訟に当たらず、これを不適法として却下したのは、行政法学上の痛恨事として、平成一四年七月九日とともに、記憶されねばならない[51]。

【注】

（1）　最判平成一四年七月九日判時一七九八号七八頁。

（2）　「宝塚市パチンコ店等、ゲームセンター及びラブホテルの建築等を規制する条例」（昭和五八年条例第一九号）は、次のように定める。

第三条　市内において、パチンコ店等、ゲームセンター又は旅館等（以下「指導対象施設」という。）の建築等をしようとする者は、あらかじめ市長の同意を得なければならない。

第四条　市長は、前条の規定により建築等の同意を求められた施設がパチンコ店等、ゲームセンター又はラブホテル（以下「規制対象施設」という。）に該当し、且つ、その位置が都市計画法（昭和三四年法律第一〇〇号）第七条第一項に規定する市街化調整区域であるとき、又は同法第八条第一項第一号に規定する商業地域以外の用途地域であるときは、同意をしないものとする。

第八条　市長は、第三条の規定に違反して指導対象施設の建築等をしようとする者又は第六条に規定する市長の指導に従わない者に対し、建築等の中止、原状回復その他必要な措置を講じるよう命じることができる。

(3)　神戸地判平成九年四月二八日判時一六一三号三六頁。

(4)　大阪高判平成一〇年六月二日判時一六六八号三七頁。

(5)　神戸地裁伊丹支部決平成六年六月九日判自一二八号六八頁。

(6)　曽和俊文「地方公共団体の訴訟」杉村敏正編・行政救済法第二巻二八七頁。

(7)　碓井光明「行政上の義務履行確保」公法研究五八号（一九九六年）一四六頁。

(8)　碓井・前掲論文注（7）一五〇頁は、田中二郎・新版行政法上巻（全訂二版）一七九頁、市原昌三郎・行政法講義［改定第二版］一九九頁、塩野宏・行政法Ⅰ第二版一八五頁などの文献を挙げて、「通説となっているといってよい」と評価する。

(9)　前掲注（1）に挙げた最判平成十四年七月九日判時一七九八号七八頁。

(10)　阿部泰隆・法学教室二〇〇二年一二月号（二六七号）四一頁には、「最高裁は一度判決を出せば、まず先例の見直しはしない。先例の見直しは大法廷で行うが（裁判所法一〇条三号）、大変な労力を要するので、多忙な最高裁判事はなるべくしないのである。……かりに最高裁に先例の見直しの姿勢があるとしても、最高裁では、事件が起きなければ見直しはできない。しかし、こんな判決を前に、また同じような訴訟を提起する自治体も弁護士もいないだろう。結局はこの判決を覆すのは立法しかない」とある。これを受けたのか、日本弁護士連合会・行政訴訟制度の抜本的改革に関する提言（二〇〇三年三月一三日）の「行政訴訟法（案）」三条四項には、「行政主体は、行政上の義務の履行を求めるため、民事訴訟を提起し、および仮処分の申立てをすることができる」とある。しかし、これに付された理由は、「いわゆる宝塚市パチンコ店建築規制条例に関する最高裁判決の判断を立法的に変更するものである。『行政代執行法、国税滞納処分の例によることができないときは』という限定をつけてはどうかという意見もあった」という極めて簡単なものであった。

(11)　同意を受けずに建築するものに対する措置については、群馬県「赤堀町モーテル類似旅館規制条例」では中止命令ではなくて、中止勧告にとどまっており、兵庫県「宝塚市パチンコ店等、ゲームセンター及びラブホテルの建築等を規制する条例」および同県「伊丹市教育環境保全のための建築等の規制条例」が中止命令違反に対し制裁を用意しないのに対して、埼玉県「三郷市ラブホテルの建築規制に関する条例」および兵庫県「三木市遊技場等及びラブホテルの建築等の規制に関する条例」が中止命令違反者に処罰規定を用意するなど、条例により違いがある。

(12) 飯盛町条例は、「住民の善良な風俗を保持し、健全なる環境の向上を図り、もって公共の福祉を増進することを目的」として、「地域内における旅館業を目的とした建築の規制を行うこと」を狙いとしている（二条）。そのため下宿営業を除く旅館業法上の旅館業を目的とする建築物を建築しようとする者は、事前に「町長の同意」を得なければならず（二条）、町長は、建築物の位置が「一　住宅地、二　官公署、病院及びこれに類する建物の付近、三　教育、文化施設の付近、四　児童福祉施設の付近、五　公園、緑地の付近、六　その他町長が不適当と認めた場所」のいずれかに該当するときは、それが「善良な風俗を損なうことなく、かつ、生活環境保全上支障がないと認められる場合」でない限り、「同意しない」（三条）とある。なお、同意制度の強制力にかかわる中止命令や罰則に関する規定は何ら定められていない。

(13) 長崎地判昭和五五年九月一九日判時九七八号二四頁。

(14) 福岡高判昭和五八年三月七日判時一〇八三号五八頁。

(15) 最判昭和五〇年九月一〇日刑集二九巻八号四八九頁。

(16) 塩野宏・行政法Ⅲ［第二版］一四六頁は、本文引用の判旨を「具体的場合における解釈の必要性はあるが、一般論としては、首肯しうるところである」と評価する。

(17) 最判昭和六〇年六月六日判自一九号六〇頁は、上告理由に対する判断を行うことなく、職権調査により、本件条例が昭和六〇年二月一八日に廃止されたことが明らかであり、本件処分もまたこれにより効力を失ったものと言うべきであり、本件訴えは法律上の利益を失うに至ったとし、原判決を破棄、第一審判決を取り消し、訴えを却下した。

(18) 碓井光明・自治研究五八巻九号一一五頁は、飯盛町旅館建築規制条例の同意制度を「勧告ないし行政指導」のためのものと解する。

(19) 前橋地判平成二年九月二七日判時一三七八号六四頁は、赤堀町モーテル類似旅館規制条例が、「同意しない旨の決定を通知したにもかかわらず新築等を行おうとする建築主に対して、改善又は中止を勧告するとしているに過ぎず、それ以上に町長の不同意決定によって、建築主において建築確認の申請ができなくなるとか、モーテル類似旅館の新築等ができなくなる旨の規制をしていない」ものであるから、不同意決定によって、「建築確認の申請手続きをする権利が害され、あるいはモーテル類似旅館の新築等を行うことができないといった法律上の地位にたつものとはいえず、結局、このような同意しない旨の決定は、当該建築主の法律上の地位ないし権利関係には何ら直接的な影響を及ぼすものとはいえないものであるから、抗告訴訟の対象となる行政処分とはいえない」として、訴えを不適法とした。

(20) 神戸地判平成一二年一〇月三一日判例自治二一三号九一頁。

(21) 最判昭和三〇年二月二四日民集九巻二号二一七頁。

(22) 浦和地判昭和六三年一二月一二日判時一三一四号五〇頁。高木光「判例批評」（判例自治二四号八六頁）は、「結論的には、本件においては、処分性の柔軟な解釈によって原告の救済をめざすことはやや無理があるように思われる」と述べている。

(23) 平成一七年施行の行政事件訴訟法三条七項は、「行政庁が一定の処分又は裁決をすべきでないにかかわらずこれがされようとしている場合において、行政庁がその処分又は裁決をしてはならない旨を命ずることを求める訴訟」を「差止めの訴え」と定義して容認することになったが、それまでは法定抗告訴訟として明示されていなかった。

(24) 続々行政事件訴訟十年史（上）四一頁。

(25) 最判平成元年七月四日判時一三三六号八六頁。

(26) 最高裁判所前掲（注25）判決。

(27) 国や地方公共団体が行政処分の内容を実現するためにその履行を求めて提起する訴訟について、当事者訴訟とみる見解と民事訴訟の一種と解する見解とがある。たとえば前者に細川俊彦「公法上の義務履行と強制執行」民商法雑誌第八二巻第五号六四一（六五八）頁があり、後者に小早川光郎「行政による裁判の利用」法学教室一五一号一〇四（一〇五）頁がある。前章で「国や地方公共団体が、行政処分の内容を実現するために、その履行を求める民事訴訟を提起して、勝訴判決を債務名義として民事上の強制執行を請求する、またはそれを本案訴訟とする仮処分を求める方法を、直截型の司法的強制と呼ぶ」ことにしたので、後者の見解に与することにする。

(28) 岐阜地判所昭和四四年一一月二七日判時六〇〇号一〇〇頁。

(29) 大阪高決昭和六〇年一一月二五日判時一一八九号三九頁。

(30) 阿部泰隆教授は「行政上の義務の民事執行という手段を講ずる実例を知って感心しているものである」との感懐を示されている(「パチンコ店立地規制条例判決(伊丹市)」判例自治一二五号一〇八(一一一)頁)。

(31) 横浜地決平成元年一二月八日判例タイムズ七一七号二二〇頁、神戸地裁伊丹支部決平成六年六月九日判例自治一二八号六八頁、盛岡地決平成九年一月二四日判時一六三八号一四一頁。

(32) 小早川光郎「行政による裁判の利用」前掲(注27)一〇四頁。

(33) 小早川光郎「行政による裁判の利用」前掲(注27)一〇五頁。なお教授が「法令にもとづく義務」と言われる場合には、「法令にもとづいて生ずる義務である場合——法令にもとづく行政庁の処分によって義務が具体化される場合を含む——」とあるので、行政庁の処分によって義務が具体化される場合が含まれている(小早川・同一〇五頁)。

(34) 義務の履行を求める行政の側の実体権の問題は、「とりわけ、直接に当該義務の履行を求める給付訴訟の場面において、行政の側がいかなる権利にもとづいてそのような請求をなしうるのかという形で明瞭に現れるのであるが、しかし、それ以外にも、義務存在確認訴訟であれば確認の利益の判断に関連して、また、仮処分手続であれば被保全権利の問題として、いずれにせよ論点とされうる」(小早川光郎「行政による裁判の利用」前掲(注27)一〇五頁)。

(35) 最高裁調査官の福井章代「最高裁平成一四年七月九日判例解説」ジュリスト最高裁時の判例二一一五頁。

(36) 行政上の義務違反があった場合に、観念的には別個の義務である民事上の義務の履行によって、行政上の義務の履行と同じ結果が得られる場合に、国や地方公共団体が私法上の権原に基づいて、民事上の強制執行を利用する場合を還元型司法的強制と呼ぶ。一般に、公物管理者は、公物たる土地が不法占拠されて工作物が設けられている場合には、個々の公物管理法の規定(河川法七五条一項、道路法七一条一項、都市公園法一一条一項、港湾法三七条の三第二項など)に基づいて、工作物の除却命令を発し、不服従のときに代執行によって義務内容を実現することができるが、その際に代執行という手段をとらず、公物主体が土地所有権に基づいて土地明渡しないし物件収去の請求の民事訴訟を提起し、その判決に基づく強制執行、またはそれを本案訴訟とする仮処分を求める場合が一例である。

(37) ちなみに、村上順・判例評論三三二号（判時一二〇一号）一二頁は、大阪高決昭和六〇年一一月二五日前掲注（3）は、建築の同意、中止命令を行政処分（許可と警察禁止）と見立てて、「行政処分（行政権限）により被申請人Yに課したところの義務履行請求権＝被申請人Y側の建築禁止の不作為義務を被保全的権利となすものである」、と理解している。

(38) 阿部泰隆「行政上の義務の民事執行」自治研究第五五巻第六号三頁。

(39) 細川俊彦「公法上の義務履行と強制執行」民商法雑誌第八二巻第五号六四一頁。

(40) 村上順・判例評論三三二号（判時一二〇一号）一二頁。

(41) 福井章代「最高裁平成一四年七月九日判例解説」ジュリスト最高裁時の判例二一五頁。

(42) 命令への服従に関する請求権という言葉は、広岡隆・行政上の強制執行の研究（法律文化社一九六一年）四一一頁で、すでに用いられている。すなわち、「強制執行権能は原則として司法権に留保されていると解される。行政上の強制執行は、命令の服従に関する行政主体の請求権が行政権自らによって一方的に確認せられ行政権の自力による強制が行われることを意味するから、右の原則に対する変則として、特別な法の規定が認める場合に限って行われ得ると解せられる」とある。

(43) このような学説は、もともと、オットー・マイヤーなどにより、行政的命令権は強制権を含むというドイツの伝統的な考え方と、自由の侵害は法律の根拠を要するという法治主義の原理を調和させるために唱えられたものである（広岡隆・五版行政法総論一六四頁参照）。広岡隆・行政上の強制執行の研究（法律文化社一九六一年）に詳しい。

(44) 強制執行をなす「行政庁の権能」は、「行政庁の権限」と表示するのが一般的であるが、下命処分をなす「行政庁の権限」と区別する意味で、便宜上、本章では「行政庁の権能」と呼ぶ。

(45) なお柳瀬教授は、行政執行を定義して、「法令又は行政行為に依って課せられた行政法上の義務につき、義務者が任意にこれを履行しないとき、これを履行せしめ又は履行があったと同一の状態を実現するために、義務者の身体又は財産に実力を加えることをいう」とされる（柳瀬良幹「行政強制」行政法講座第二巻行政法の基礎理論（有斐閣昭和三九年）一八九頁）。

(46) 広岡隆・五版行政法総論一六五頁。

(47) 行政上の強制執行の史的展開については、広岡隆・行政上の強制執行の研究を参照。

(48) Verwaltungsarchiv 第一巻（一八九三年）に掲載されたアンシュッツ（Anschutz）の「プロイセンにおける行政強制の権利（Das

Recht des Verwaltungszwanges in Preussen)」の冒頭の文章である。なお、岡田春男「広岡教授の行政法学について」法と政治四七巻一号三六五頁参照。

(49) 広岡隆・五版行政法総論一六四頁。詳しくは広岡・前掲書注(47)参照。

(50) 田中二郎・新版行政法上巻全訂第二版一七九頁。なお、手続法上は、民事執行法の定評ある教科書「中野貞一郎・民事執行法(増補新訂五版)一一七頁」も最高裁平成一四年判決に賛成できないとして行政上の義務の民事執行につき原則として積極に解する見解を示しており、問題はないと思われる。

(51) 最高裁平成一四年判決について論じたものとして、塩野宏・行政法I〔第3版〕一九七頁、阿部泰隆・法教二六七号三六頁、金子正史・法令解説資料総攬五〇号八八頁、高木光・ジュリスト一二四〇号一一七頁、曽和俊文・別冊ジュリスト一六八号八四頁、福井章代・ジュリスト一二四〇号一一七頁、江原勲＝北原正史・判自二三六号四頁、斎藤誠・地方自治六六〇号二頁、南川諦弘・判評五三四号(判時一八二二号)一一頁、野呂充・平成九年度重判解(ジュリスト一一三五号)四五頁、村上裕章・民商一二八巻二号一九八頁がある。また、行政上の義務履行確保に関する文献については、宇賀克也他編著・対話で学ぶ行政法(有斐閣、平成一五)八五頁を参照されたい。

Ⅳ　一般排他性の原則

第一章　行政における一般排他性の原則

一　はじめに

一般に、ある種の事項を処理するために特別の手続が設けられている場合において、当該事項をその手続によらないで処理する可能性を排除または制限するという意味での、当該手続の排他性の有無が問題とされることがある。もちろん、法律が排他性の有無について明示していない場合の議論であることはいうまでもない。

一定の手続についてそのような排他性が認められるか否かについては、それぞれの場合に、関係法令の規定に照らして個別的に判断されるべき問題であることは否定できない。しかし、法が特別の手続を設けていることに鑑みて、そこに排他性の承認という趣意までを汲み取り、原則として「排他性の一般的承認」を是認する考えが一方においては成立する余地がある。この考えをここでは便宜的に「一般排他性の原則」と呼ぶことにする。

このような排他性の一般的承認の考えを否定したとみえるのが、いわゆる市川市長接待費住民訴訟事件における最高裁昭和六一年二月二七日判決である(1)。地方自治法二四三条の二第一項所定の職員の行為の賠償責任については、同条三項所定の長の賠償命令手続が設けられているのであるが、最高裁は、同法条が「賠償命令以外に職員がその責任を追及されることがないことまでをも保障した趣旨のものであると解することはできない」として、賠償命令手続の排他性を否定し、排他性を認めて住民訴訟を却下したところの控訴審判決を破棄している。

ここに、長の賠償命令手続には地方自治法二四二条の二所定の四号請求にかかわる住民訴訟との関係では排他性がない、ということで一応の決着をみることとなり、これより後、下級審は、最高裁判決を引用参照することによって、住民訴訟の適法性については疑義をはさまずにこれを肯定している(2)。

しかし、賠償命令手続には住民訴訟との関係では排他性がない、という右最高裁判決の結論それ自体は、排他性の一般的承認の考え、すなわち一般排他性の原則と整合しないものではない。この点については議論が未だなされていないと思うので、ここで少しく検討することにする。

二　排他性の一般的承認

市川市長接待費住民訴訟事件における最高裁の考えと一般排他性の原則、すなわち、専ら特別の手続が設けられていることから、原則として当該手続に排他性を承認する考えとの整合性について論ずる前に、まず、学説・判例において、一般排他性の原則それ自体が是認されていることを検証することにする。

一　取消訴訟の排他的管轄

周知のように、行政行為は、それが有効要件を備え拘束力を有するか否かが疑わしいときでも、権限ある行政機関または裁判所によって、正規の手続で取り消されるまでは、一応有効なものとして通用し、相手方その他の者は、その効力あることを否認できない(3)。たとえば、営業停止または建物除却を命ぜられた者は、その命令に瑕疵があり有効たりえないと考えても、自分の判断で、それに対する服従を拒否できない。このような行政行為の通用力は、公定力と呼ばれる(4)。

この公定力の実定法上の根拠は、行政事件訴訟法における取消訴訟制度に求められる。行政法の定評ある基本書の説明によれば次のとおりである(5)。

「行政事件訴訟法三条二項によると、抗告訴訟の一つとして取消訴訟があり、その手続が八条以下に定められている。農地買収処分を例にとると、農地買収処分を受けた者がこれに不服がある場合、取消訴訟を提起して、その処分の取消しを求めることができる。この法律には、買収処分の効力を否定するのはこの取消訴訟だけである、ということはどこにも書いていない。しかし、法律がせっかく取消訴訟制度を用意しているのは、この制度を使うのが便宜であるというにとどまらず、訴訟の段階で処分を直接に攻撃できるのはこの訴訟だけであるということを含んでいる、と解するのが素直ではないか。これが、昨今、取消訴訟の排他的管轄と呼ばれているところであるが、これを前提とすると、その取消訴訟以外では裁判所といえども処分の効力を否定できない、という公定力を示す効果が処分に認められることとなるのである。」

取消訴訟の排他的管轄とは、行政行為の効力を訴訟により取り消してもらうにはそれ自体を争う特別の取消訴訟でなければならない(6)、ということであるが、行政事件訴訟法が取消訴訟という特別の手続を設けている事実を素直に考えると、これが認められるというのであるから、ここでの論理構成は排他性の一般的承認に至る考えと同様であり、取消訴訟の排他的管轄という観念を肯定して、一般排他性の原則を否定することは、論理矛盾であるからして、学説においてはこの原則が基本的には支持されている、と考えることはあながち不当ではない。

二　未墾地売渡処分無効確認請求事件

取消訴訟の排他的管轄と並んで、排他性の一般的承認の考えを是認していると窺わせる証拠は、最高裁昭和五九年一一月二九日判決である。(7)

戦後まもなく盛岡市郊外の旧軍用地である未墾地の開拓事業に入植を許可され開墾に従事していたAが、土地の開墾をほぼ完了し、農地法六五条に基づく買受申込書を提出した後に、ともに開墾に従事していた子供のBとの連名で入植名義をBに変更することの許可を求める入植名義変更許可願を提出し、岩手県農林部長名でその許可を受けた。しかし、その間に農業委員会から岩手県知事宛に被売渡人をAとする売渡進達書が提出されており、同知事はこれに基づきA宛に売渡通知書を発して、Aに対する農地法六一条による土地の売渡処分をなした。そこで、Bにおいて、Aに対する売渡処分は、AからBへの名義変更の許可に反してなされた違法なものであり、その瑕疵は重大明白であると主張して、その無効確認を求めた事件である。

第一審は、入植名義変更の許可は農地法上何ら根拠のないものであるとし、売渡処分はこれに違反したからといってその効力を否定されるものではないとしたのに対し、控訴審は、入植名義変更の許可に行政処分としての効力を認め、これに反してなされた売渡処分には重大明白な瑕疵があるとして、売渡処分を無効とした。最高裁は、控訴審判決を破棄したが、その説くところは次のとおりである。

Aは、「未墾地入植許可を受けた者として現に自創法四一条の二による使用をしていた者にあたり，農地法施行法一一条により、買受予約申込書を提出し売渡予約書の交付を受けた者とみなされ、右予約上の権利を有していた者ということができる。本件土地につき」AからBに対する「入植名義の変更が許可されたのは、このような予約上の権利を有する地位の承継を認めようとしたものであ……る。しかしながら、農地法においては、右予約上の権利すなわち売渡契約書の交付を受けて当該土地を使用しうる権利を有する者の地位をそのまま他の者に承継させることを認めた規定はなく、かかる地位を取得しようとする者は、同法の定めるところに従い，改めて使用許可を得るための手続をとらなければならないと解されるのである。」「一般に、一定の法律効果の発生を目的とする行政庁の行為につき、法律がその要件、手続及び形式を具体的に定めている場合には、同様の効果を生ぜしめるために法律の定める手続、形式以外のそれによることは原則として認めない趣旨であると解するのが相当である。そうすると、農地法は、前記名義変更の許可のような形式、手続によって前記のような売渡予約上の権利を有する地位を承継させることを認めておらず……、本件入植名義の変更の許可は、法律に根拠をもたず、専ら実際上の便宜のために打ち出された事実上の措置にすぎないものであって、これについて前記のような予約上の権利を有する地位の移転ないし付与という効果を認めることはできないというべきである。」

控訴審は、県農林部長の入植名義変更の許可に行政処分としての効力を認めて、これに反してなされた売渡処分を無効としたのであるが、最高裁は、入植名義変更に関しては、農地法所定の手続に排他性を認めて、この手続の履践を求め、この手続によらない県農林部長の入植名義変更の許可の法的効果を否定している。

最高裁判旨の排他性の論拠を示した部分を確認する意味でもう一度引用すると、「一般に、一定の法律効果の発生を目的とする行政庁の行為につき、法律がその要件、手続及び形式を具体的に定めている場合には、同様の効果を生ぜしめるために法律の定める手続、形式以外のそれによることは原則として認めない趣旨であると解するのが相当である」というのであるから、排他性の一般的承認の考えがここに如実に示されていると考えるのは、決して不合理ではない。

三　農業共済掛金等請求事件

さらに、排他性の一般的承認の考えを是認していると窺わせる証拠は、最高裁昭和四一年二月二三日判決である(8)。

行政上の強制執行の手段に、民事上の強制執行との関係で排他性が認められるか否かについては議論が生じる。基本的には、行政上の義務と民事上の義務は異なるから、一般排他性の原則を直ちに素のままで持ち込んで、行政上の強制執行の可能性は民事上の強制執行の可能性を排除する、ということはできないであろう。たとえば、公物たる土地が不法占拠されて工作物が設けられている場合において、公物管理者は、個々の公物管理法の規定（河川法七五条一項、道路法七一条一項、都市公園法一一条一項など）に基づいて、工作物の除却命令を発し、代執行によって義務内容を実現することができるから、公物主体が土地所有権に基づいて土地明渡、物件収去の請求の民事訴訟を提起し、その判決に基づく強制執行またはそれを本案訴訟とする仮処分を求めることはできない、ということは一概に言えないであろう。もっとも、訴えの利益という判断基準を持ち込むことによって、行政上の強制執行の手段に排他性を承認するのと同様の結果が生じる可能性は否定できない。

しかし、行政上の強制徴収の場合においては、債権が同一であることを考慮に入れてか、最高裁昭和四一年二月二三日判決は、強制徴収の手段に排他性を認めている。

Xは農業共済組合連合会であり、AはXの構成組合員であって、YはAの組合員である。AはYに対し、農業災害補償法に基づく水稲等の共済掛金等の債権を有し、Yはそれを滞納していた。農業災害補償法一二二条によれば、YとAとの各種共済関係は、同時にAとXとの間に各種保険関係を成立せしめることになっている関係から、XはAに対する債権保全のため、Aに代位し、AのYに対する債権を保全するために出訴した。

第一審は、共済掛金等については行政上の強制徴収が認められており、この種の債権については民事訴訟による強制執行は許されないとしてXの請求を棄却し、控訴審も同趣旨で棄却した。Xは、行政上の強制徴収の規定は、許容規定であって、命令規定ではなく、したがって、私法上の救済規定が排除されるものではないと主張して上告した。

最高裁は、農業共済組合の組合員の共済掛金等については、農業災害補償法八七条の二において、行政上の強制徴収が認められていることに言及した後で、次のように判示した(9)。

「法が一般私法上の債権にみられない特別の取扱いを認めているのは、農業災害に関する共済事業の公共性にかんがみ、その事業遂行上必要な財源を確保するためには、農業共済組合が強制加入制のもとに、これに加入する多数の組合員から収納するこれらの金円につき、租税に準ずる簡易迅速な行政上の強制徴収の手段によらしめることが、もっとも適切かつ妥当であるとしたからにほかならない。……農業共済組合が、法律上、特にかような独自の強制徴収の手段を与えられながら、この手段によることなく、一般私法上の債権と同様、訴えを提起し、民訴法上の強制執行の手段によって、これらの債権の実現を図ることは、前示立法の趣旨に反し、公共性の強い農業共済組合の権能行使の適正を欠くものとして、許されないところであるといわなければならない。」「本件は、農業共済組合連合会が、その会員たる農業共済組合に代位して、農業共済組合の組合員に対し、右各債権を訴求したものであるが、元来、農業共済組合自体が有しない権能を農業共済組合連合会が代位行使することは許されないと解すべきである」。

最高裁判決が行政上の強制徴収に排他性を認めた所以は、判旨から明らかなように、金銭債権の公共性から簡易迅速な行政上の強制徴収という行政独自の方法が認められている以上は、迂遠な民事訴訟法上の強制執行の手段によることは、強制徴収の手続を設けた立法の趣旨に反し、権能行使の適正を欠くものとして許されない、ということにある。ここに、排他性の一般的承認の考え、すなわち一般排他性の原則を典型的にみることができる。

しかも、迂遠な民事訴訟法上の強制執行の手段によることが強制徴収の手段を設けた趣旨に反しない場合においては、権能行使の適正を欠くものとはいえないから、最高裁判旨は、排他性が一般的に承認される場合であっても、例外のあることを予定しており、それが認められるのは特別の手段を設けた立法の趣旨に反しない場合であるという基準を示した点においても、注目される。

三　一般排他性の原則の例外

ある種の事項を処理するために法律が特別の手続を設けるに際しては、行政の便宜を図るためなり、関係人の権利保護に資するためなり、それなりの立法趣旨のあることは否定できない。

一般排他性の原則の基本的な論拠は、そのことを前提にして、当該事項をその手続によらずに処理する可能性を認めることがその手続を設けた立法の趣旨に反するから許されない、ということにある。そこには、法が認めた権能を軽々しく放棄すべきではない、という配慮が根底にある。しかし、それぞれの立法趣旨から設けられた特別の手続に固執することがかえって立法の趣旨と相容れない場合においては、理論上の限界があってしかるべきであり、一般排他性の原則はかかる場合には退くものと解さねばならない。すなわち、一定の手続に排他性が認められる場合においても、まったくその例外が認められないわけではない。

一　公務員の期限付任用

こうした考えは、たとえば、公務員の期限付任用は地方公務員法の下では許されない旨を理由とする上告を棄却したところの最高裁昭和三八年四月二日判決にみることができる。(10) 同判決は、最高裁が初めて地方公務員法の適用の下でも期限付任用ができるとしたものである。

ちなみに、地方公務員法には、その二二条が条件付任用と臨時的任用について定めるのみで、公務員の期限付任用が許されるか否かについての明文の規定は存在しない。条件付任用は、職員採用にあたり最初の六か月間の勤務成績をみた上で本採用とする制度であり、臨時的任用は、同法二二条二項の定めるように、緊急の場合、臨時の職に関する場合または任用候補者名簿がない場合に限って許される、六か月以内（一年まで延長可）の臨時的任用制度である。地方公務員法上、一種の期限付任用が許される場合は、以上の二つに限定されており、恒常的職務に関しては期限を付すことが予定されていないと考えるのが素直な考え方であるが、右の二つの場合を除いて、期限付任用が一切許されないのか、ということになると従前より議論が分かれていた。(11)

右最高裁判決は、臨時的任用とは別に合理的であれば期限付任用が許される、ということを示すことによって、地方公務員法二二条の排他性とその例外を認めることとなった。判旨は次のとおりである。

「地方公務員法の下において職員の期限付任用が許されるかどうかについては、法律に別段の規定はないが、同法がいわゆる条件付採用制度をとり（二二条一項参照）、また分限免職および懲戒免職の事由を明定して（二八条、二九条参照）職員の身分を保障していることや、特に臨時的任用に関する規定を設け、その要件、期間等を限定していること（二二条二項参照）に徴すれば、職員の任用を無期限のものとするのが法の建前であると解すべき……である。しかし、右法の建前は、職員の身分を保障し、職員をして安んじて自己の職務に専念させる趣旨に出たものであるから、職員の期限付任用も、それを必要とする特段の事由が存し、且つ、それが右の趣旨に反しない場合においては、特に法律にこれを認める旨の明文がなくても、許されるものと解するのが相当である。」

最高裁判旨は、特に地方公務員法二二条に徴すれば、職員の任用は無期限のものとするのが法の建前であるが、この建前は職員の身分を保障し、職員をして安んじて自己の職務に専念させる趣旨であるから、この趣旨に反しない場合には、必要ならば、期限付任用が許される、というのであるから、一般排他性の原則に例外のあることを認め、その例外が許されるのは、立法の趣旨に反しない場合であることを明示するものである。

二　行政上の強制徴収と民事上の強制執行

行政上の強制徴収の手続に排他性が認められることはすでに述べたが、強制徴収の手続を設けた趣旨が活かされない場合には、例外的に排他性が否定されている。ここで注目されるのは、法人税債務について保証した原告による法人税債務不存在確認請求事件における東京地裁昭和三九年三月二六日判決である(12)。

国は、主債務の消滅で保証債務が消滅しないことを、時効中断の法律上の手段がなかったことで根拠づけようとしたのであるが、裁判所は、「租税債務については、国は、いわゆる公定力のある処分をもって租税債務を確定することができ、民事訴訟法上の強制執行によるまでもなく滞納処分によって租税を徴収することができるところから、原則として国の側から民事訴訟を提起する必要がなく、従って、通常は、国の側から民事訴訟を提起する利益は否定されることとなるが、それは、公法上の債務が、その性質上当然に民事訴訟に親しまないことによるものではなく、右述の理由から原則として訴えの利益が否定されることによるものと解すべきである。従って、時効中断のためというような特別の必要がある場合は、国の側から民事訴訟を提起することはなんら妨げられない」と解して、国の主張を退けた(13)。

ちなみに、租税債務については督促という時効中断の方法があるが、督促によって時効を中断した後は、改めて時効が進行することを再度の督促によって中断できない。右の東京地裁判決は、かかる場合における国のとりうべき手段として、民事訴訟の提起を示唆したわけである。これにより、教示どおりに国が時効中断を目的とする租税納付義務確認の訴えを提起したところ、岡山地裁昭和四一年五月一九日判決は、この訴えの利益を許容するところとなった(14)。

行政上の強制徴収に排他性が認められる所以は、簡易迅速な行政上の強制徴収という行政独自の方法が認められている以上、迂遠な民事訴訟法上の手段によることは、強制徴収の手段を設けた法の趣旨に反し、権能行使の適正を欠くことになるからである。そこで、行政上の強制徴収の手続ではもはや時効の進行を中断できない場合において、国が時効中断を目的とする租税納付義務確認の訴えを提起することは、強制徴収の手段を設けた法の趣旨に反するものではないからして、一般排他性の原則に抵触することとはならず、これが許されるのである。

四　一般排他性の原則の射程

排他性が承認される場合であっても、当該手続を設けた立法の趣旨に反しない場合には、一般排他性の原則に限界があって、その例外が認められることを前節の三で指摘した。それらは一般排他性の原則の射程内の限界ないし例外であるが、これと似て非なるものが、一般排他性の原則の射程外にある事項を処理する場合における排他性の否定である。

一　確定申告の更正請求の排他性

最高裁昭和三九年一〇月二二日判決は[15]、確定申告の内容を納税者の利益に是正するには、専ら更正の請求によらなければならないという更正の請求の排他性を認め、その上でその例外を許容している。

原告Xは山林を売却し、その売買代金を基礎として課税所得金額、所得税額を算出し、所得税九〇万円余の確定申告書を提出したが、そのうち五〇万円を納付したのみであったので、税務署長Yは、Xに対し滞納処分を執行し、その不動産を差し押さえた。Xはこの差押処分の無効確認の訴えを提起したがその請求原因として、右確定申告は無効であると主張した。すなわち、右の山林は、もと訴外Aの所有であったが、Aの死亡により、XはAの長男としてAの妻子など他の相続人とともに山林を含むAの財産を法定相続分をもって相続したことになった。ところがXは共同相続の制度を知らず、旧法当時の家督相続が行われているものと考え、Aの財産全部を相続したものと誤解したため、右山林の売却代金をすべて自己の所得として確定申告をしたものであるが、実はこの売却代金は相続人各自がそれぞれ法定相続分をもって取得したものであるので、右の確定申告は、法律行為の要素に錯誤があり、無効である、というのである。

右の訴えに対し原審は、申告所得額が実際の所得額より過大であることを発見したとしても、更正の請求をなして更正を受けない限り、所得額につき申告額と異なる主張をなし得ないものであり、確定申告書記載の所得金額が誤算その他申告書自体の記載から明白な誤りであることが看取される場合のほかは、所得額についての錯誤を理由に申告行為の無効を主張することは許されない、と判示した。Xから上告したのが事件の概要である。

ちなみに、所得税法（昭和三七年国税通則法の制定による改正前）は、いわゆる申告納税制度を採用し、かつ、納税義務者が確定申告書を提出した後において、申告書に記載した所得税額が適正に計算したときの所得税額に比し過小であることを知った場合には、更正の通知があるまで、当初の申告書に記載した内容を修正する旨の申告書を提出することができ、また、確定申告書に記載した所得税額が適正に計算したときの所得税額に比し過大であることを知った場合には、確定申告書の提出期限後一か月を限り、当初の申告書に記載した内容の更正の請求をすることができる、と規定している。

最高裁は、「そもそも所得税法が右のごとく、申告納税制度を採用し、確定申告書記載事項の過誤の是正につき特別に規定を設けた所以は、所得税の課税標準等の決定については最もその間の事情に通じている納税義務者自身の申告に基づくものとし、その過誤の是正は法律が特に認めた場合に限る建前とすることが、租税債務を可及的速やかに確定せしむべき国家財政上の要請に応ずるものであり、納税義務者に対しても過当な不利益を強いる虞がないと認めたからにほかならない。」「従って、確定申告書記載内容の過誤の是正については、その錯誤が客観的に明白かつ重大であって、前記所得税法の定めた方法以外にその是正を許さないならば、納税義務者の利益を著しく害すると認められる特段の事情がある場合でなければ、所論のように法定の方法によらないで記載内容の錯誤を主張することは、許されないものといわなければならない」と判示した。

ここにおいて、納税申告の内容を自己の有利に是正する方式としては、専ら更正の請求の手続によるべきであるという「更正の請求の排他性」が最高裁判決によって肯定され、[16]同時に、例外的に、確定申告の錯誤が客観的に明白かつ重大であって、更正の請求の手続以外にその是正を許さないならば、納税義務者の利益を著しく害すると認められる特段の事情がある場合に、その排他性が否定されることとなった。

ところで、最高裁の理解によれば、更正の請求の手続について、所得税法が「特別の規定を設けた所以は、……納税義務者に対しても過当な不利益を強いる虞がないと認めたからにほかならない」から、更正の請求以外にその是正を許さないならば、納税義務者の利益を著しく害すると認められる特段の事情がある場合に、その排他性を否定することは、一般排他性の原則の射程内における例外であることは明らかである。しかし、確定申告書記載内容の過誤が客観的に明白かつ重大である場合における排他性の否定は、一般排他性の原則の射程外にあることを宣言する意味での例外であることに、注意を要する。錯誤が明白かつ重大である場合における申告内容の是正は、専ら更正の請求という手続に委ねられているのではなくて、その排他性の射程外にある。

二　消費生活協同組合事件

一般排他性の原則の射程外における例外を示すものとして、分かりやすいのは、最高裁昭和四六年一二月一七日判決である。[17]

消費生活協同組合の代表者と称するAが代表資格を有するかどうか争われた事件で、Aが組合の総会の議決ないし選挙によって選任されたかどうかが争点となったものである。ちなみに、消費生活協同組合法九六条は、「総会の招集手続、議決の方法又は選挙」に瑕疵が存する場合について、行政庁による取消しの手続を定めており、裁判所がこの手続を経ないで総会の議決または選挙の無効等を認めることができるかが問題とされた。

原審は、消費生活協同組合法による協同組合の総会の議決または選挙については、同法九六条が「行政庁に対する決議取消請求の途を開き、かつ、中小企業等協同組合法第五四条のような決議取消または無効に関する商法の規定を準用する規定を設けなかった趣旨からすると、総会の招集、議決の方法または選挙に前記九六条が定めるような瑕疵があるにすぎない場合には右商法の規定において認められている決議取消の訴えを直接裁判所に提起することは許されない（裁判所がこれらの瑕疵を前提問題として判断することができないことはいうをまたない）が、議決の内容または選挙の結果に瑕疵があって当然に無効の場合および議決または選挙が不存在の場合については、右規定は何らの定めをしていないから、この場合には、これが現在の権利関係に影響を及ぼす限り一般原則に従いその旨の確認の訴えを提起することが許されるのみならず、場合によっては裁判所は前提問題として無効または不存在の事由を調査判断できると解するのが相当である」とした。

最高裁も、これを是認して、「協同組合の総会の議決または選挙が当然に無効であるかまたは不存在である場合においては、同法九六条所定の行政庁に対する取消の手続を経ることなしに、各組合員よりその旨の確認の訴を提起することが許されるばかりでなく、訴訟において裁判所が右議決または選挙の無効または不存在を前提問題として調査、判断することができるとした原審の判断は、正当として首肯することができる」と判示した。

原審および最高裁は、消費生活協同組合法九六条所定の行政庁による取消手続の排他性を認めて、決議取消しの訴えを直接裁判所に提起することは許されないとする。他方、議決または選挙が無効等である場合には、その旨の確認の訴えを提起することが許されるばかりでなく、訴訟において裁判所が議決または選挙の無効または不存在を前提問題として調査、判断できる、という。

一般に、ある種の事項を処理するために特別の手続が設けられている場合において、当該事項をそれによらずに処理する可能性が排除されるという一般排他性の原則の例外に関して議論する場合において、取消訴訟を例にとれば、行政処分の無効等を前提とする当事者訴訟なり争点訴訟の提起の可能性をもって、取消訴訟の排他的管轄ないし排他性の例外としてこれを理解するのは正確ではない。

取消訴訟は、取り消しうべき瑕疵ある行政行為の効力否定の手続であり、無効等の瑕疵ある行政行為の効力否定の手続ではない。排他性の有無の議論は、同一事項の処理に複数の手続が存在する場合の議論であるからして、無効等確認の訴えはもちろん、当事者訴訟なり争点訴訟の提起は、取消訴訟の排他性の射程外の事項処理として、これが許されるのである。もちろん、処分が無効等の場合においても、無効等宣言の意味で取消訴訟の提起が可能であるが、取消訴訟によらねばならないというものでは決してない。

消費生活協同組合法九六条所定の行政庁による取消しの手続と行政事件訴訟法の取消訴訟とを同列に論ずることは必ずしもできないが、議決または選挙の無効および不存在の場合について消費生活協同組合法が何らの定めをしていない以上は、議決または選挙が無効等である場合には、同法九六条所定の行政庁による取消しの手続を経ることなしに、各組合員よりその旨の確認の訴えを提起することが許されるばかりでなく、訴訟において裁判所が右議決または選挙の無効または不存在を前提問題として調査、判断できる、という裁判所の判断は、一般排他性の原則の射程外例外を示して興味深い。

五　賠償命令手続の排他性

一般排他性の原則について一応の知識が整理されたので、市川市長接待費住民訴訟事件を手掛かりにこの原則に最後の検討を試みることにする。

市川市長接待費住民訴訟事件の概要は、次のとおりである。

千葉県市川市の市長であるYは、昭和五五年一一月および一二月の二回にわたり、県の職員数名を料亭等に招いて懇談接待し、その経費（合計三八万余円）を市長交際費から支出させた。同市の住民Xらは、右の接待費支出が違法であると考え、市の監査委員に対して住民監査請求をしたが認められなかったので、裁判所に、Yが右接待のために過大な経費を違法に支出させ、その過大・違法であった部分（Xらによれば三二万余円）に相当する損害を市に与えたとの主張のもとに、市に代位してYに対し右損害の賠償を請求する旨の、地方自治法（以下では単に「法」ということがある）二四二条の二第一項四号のいわゆる四号請求にかかる住民訴訟を提起した。

第一審千葉地方裁判所は、本件訴えの適法性に疑いをさしはさむことなく、本案について審理し、本件接待はいずれも社会通念上妥当な範囲内のものであり、Xらの請求は理由がないから棄却する旨の判決をした。[18]しかし、東京高等裁判所は、法第二四三条の二の存在を考慮して、本件訴えをそもそも不適法として却下する旨の判決を下した。[19]

ちなみに、法二四三条の二の規定は、いわゆる出納職員（同条一項前段）および予算執行職員（同項後段）が地方公共団体に対して負う賠償責任についての規定である。それは、国の出納職員等の弁償責任に関する会計法四一～四四条、物品管理法三一～三三条、会計検査院法三二条、予算執行職員等の責任に関する法律等の諸規定に相当するものであり、賠償義務の要件および範囲について定める一項・二項、長の賠償命令および責任免除に関する三～五項、賠償命令についての不服申立てに関する六～八項、および、民法規定の適用排除を定める九項からなっている。

東京高裁昭和五八年八月三〇日判決　東京高裁が本件訴えを不適法としたのは、（1）本件の問題が市長として支出負担行為または支出命令をしたことによるYの責任の問題であるとすると、（イ）まず、地方公共団体に対する職員の賠償責任につき法二四三条の二第一項の規定が適用されるべき場合には、同条三項に定める長の賠償命令によって、その責任の存否・範囲がはじめて確定され、具体的な義務となるのであって、右責任の実現は専ら同条所定の手続によって図られるべきものである、（ロ）かりに同条一項に定める要件の充足により当然に賠償責任が生ずると解する余地があるとしても、長には賠償命令を発しなければならない義務があり、当該地方公共団体が有する請求権を賠償命令の方法によらないで行使することは許されない、（ハ）地方公共団体のなし得ない賠償請求訴訟を住民がこれに代位して提起することは当然できない、(2)法二四三条の二各項の規定は、地方公共団体の長の職にある者の責任についても等しく適用される、したがって、（3）支出負担行為または支出命令をしたことによるYの責任については、賠償命令の手続と別に住民が直接に四号請求の方法でそれを追求することはできない、というのがその理由であった。

ちなみに、東京高裁判決によれば、法二四三条の二の規定の趣旨とするところは、「職員が萎縮し消極的になることなく、積極的に職務に専念することができるようにする」とともに、「賠償責任がある場合においても、当該普通地方公共団体の長が監査委員の監査の結果に基づいて賠償命令を発すべきものとして、違法な会計事務等の是正を当該普通地方公共団体の実情に即して簡易迅速な内部的手続により実現しようとすることにある」と解されている。

最高裁昭和六一年二月二七日判決　最高裁は、法二四三条の二の規定の沿革から説き起こし、同規定の趣旨を東京高裁と同様に理解した上で、大要、次の判決理由をもって、事件を東京高裁に差し戻した。[20]

「法二四三条の二の規定は……〔同条所定の〕職員の行為により当該地方公共団体が損害を被った場合に、賠償命令という地方公共団体内部における簡便な責任追及の方法を設けることによって損害の補てんを容易にしようとした点にその特殊性を有するものにすぎず、当該地方公共団体の右職員に対する損害賠償請求権は、同条一項所定の要件を充たす事実があればこれによって実体法上直ちに発生するものと解するのが相当であり、同条三項に規定する長の賠償命令をまって初めてその請求権が発生するとされたものと解すべきではない。……このゆえに、同条が同条一項所定の職員の行為について同条三項に規定する賠償命令による以外にその責任を追及されることがないことまでをも保障した趣旨のものであると解することはできない」。

「そうすると、法二四二条の二第一項四号の規定に基づく損害補てんの代位請求訴訟においては、当該訴訟が法二四三条の二第一項所定の職員に対し同項所定の行為を理由として損害の補てんを求めるものであるか否かによって訴えの適否が左右されるものと解すべき理由はない」。

東京高裁と最高裁は、法二四三条の二の規定の趣旨の理解についてこれを同じくするが、同条一項所定の職員の行為について賠償命令による以外にその責任を追及されることがないことまで保障したものであるかどうか、言い換えれば、長の賠償命令手続の排他性の有無に関しては、まったく反対の結論をだしている。

東京高裁が長の賠償命令の手続に排他性を認め、いわゆる四号請求にかかる住民訴訟を却下するに至った思考過程をなぞれば、その論理の展開は、①職員の賠償責任につき法二四三条の二第一項の規定が適用されるべき場合には、同条三項に定める長の賠償命令という特別の手続が設けられている、②長の賠償命令という特別の手続を設けた趣旨は、簡便かつ迅速な方法で損害賠償の実現を確保することにある、③損害賠償の実現を長の賠償命令の手続によらずに確保することとは、当該手続を特に設けた立法の趣旨に反する、④ゆえに地方公共団体は、賠償命令手続を経由することなく損害賠償請求の訴えを提起することはできない、⑤地方公共団体のなし得ない損害賠償請求の訴えを住民がこれに代位して提起することはできない、⑥住民の提起した住民訴訟はこれを不適法として却下する、ということになる。

一般排他性の原則からみた市川市長接待費住民訴訟事件の特殊性については後で述べるが、それ以前の一般排他性の原則にかかわる判例に通暁した上で東京高裁判決を読めば、きわめて自然な論理的帰結と思われる。その論理構成は、これまで述べてきた最高裁判例によってしばしば示された一般排他性の原則を素直に踏襲したものに他ならないからである。一般排他性の原則とは直接結びつかない⑤の命題にしても、強制徴収の排他性が認められた農業共済掛金等請求事件で、最高裁が示した「農業共済組合連合会が、その会員たる農業共済組合に代位して、農業共済組合の組合員に対し、右各債権を訴求したものであるが、元来、農業共済組合自体が有しない権能を農業共済組合連合会が代位行使することは許されないと解すべきである」という論理とまったく同様の構成である。

一方、最高裁は、賠償命令手続の排他性の有無の問題を考えるにあたって、法二四三条の二第一項の場合において「地方公共団体の損害賠償請求権は……賠償命令によって初めて発生するものであるか」という表現でこれを捉えて、それを否定することによって、同条が「賠償命令による以外にその責任を追及されることがないことまでをも保障した趣旨のものであると解することはできない」と一刀両断に宣言している。しかし、賠償命令手続の排他性の問題は、実体法上の請求権の成否とは別個の問題としても存在しうるから、このような論理で賠償命令手続の排他性を否定することは、これまで最高裁が一般排他性の原則を是認してきたことと必ずしも整合するものではない。

東京高裁判決は、先に触れたように、かりに同条一項に定める要件の充足により当然に賠償責任が生ずると解する余地があるとしても、地方公共団体が有する請求権を賠償命令の方法によらないで行使することは許されない、というのであるから、最高裁の側においても、賠償命令手続の排他性を実体法上の請求権の成否にかかわらず否定する論拠を示さねば、その判旨に説得力があるとはいえない。

それでは、東京高裁判決が支持されるべきか、ということになると話は別である。

東京高裁判決は、一般排他性の原則を極めてよく理解しているが、市川市長接待費住民訴訟事件の特殊性に対する吟味が今一つ欠けている。一般排他性の原則に照らして、賠償命令手続に排他性を認めて、地方公共団体が民事訴訟を提起できないというところまでは東京高裁判決を支持できる（最高裁判決がこれを否定するかは定かではない）、しかし、地方公共団体が有さない権能を住民は代位できないとして住民訴訟にまでその排他性を及ばせたのは、排他性の射程を不当に拡大するものであり、賛成できない。

ある種の事項を処理するために特別の手続が設けられている場合に、当該事項をそれによらずに処理する可能性が排除もしくは制限されるかという問題は、当該事項を処理する手続をとる主体に複数の手続上の可能性が存在する場合における選択の余地と制限の問題であるから、当該事項を処理する者が異なる場合においては、排他性を議論する余地はないわけで、一般排他性の原則の適用もない。一般排他性の原則は、一定人による一定事項の処理に複数の手続上の手段が可能性として存在する場合における、交通整理の基準に他ならない。

一般排他性の原則の認められた過去の事件と市川市長接待費住民訴訟事件とが、根本的に異なるのは、後者においては、それぞれの手続をとる主体が同一人でない点にある。なるほど、賠償命令の手続をとる長は地方公共団体の執行機関であり、四号請求にかかる住民訴訟を提起する住民は地方公共団体に代位する者であるから、それぞれの手続をとる主体は、地方公共団体であり、その意味では手続主体の同一性は確保されている。しかし、賠償命令の手続による事項処理の可能性は住民の側にはまったく存在しないわけで、長においても住民訴訟の四号請求の手段による可能性は存在しない。したがって、長の賠償命令の手続と四号請求にかかわる住民訴訟においては、一般排他性の原則の適用なり介在の余地はない、というより他ない。

地方公共団体の長が賠償命令という特別の手続によらずに、法二四三条の二第一項所定の職員の責任を追及することは一般排他性の原則に照らして許されないが、住民が四号請求にかかわる住民訴訟を提起することは、この原則の射程外にあるので、賠償命令手続の排他性に阻止されることはなく、適法に住民訴訟を提起することができる。

ここにおいて、上記最高裁の判旨は、住民訴訟を適法とした結論において賛成できるのであり、東京高裁判決は、一般排他性の原則に射程外不適用のケースのあることを看過して、住民訴訟を却下した点で支持できないのである。

【注】

(1) 最判昭和六一年二月二七日民集四〇巻一号八八頁。

(2) たとえば、和歌山地判平成三年六月五日判時一四一七号五三頁は、地方公共団体の職員が地方自治法二四三条の二に基づく責任を負う場合には、同条は、「同条一項所定の職員の行為について同条三項に規定する賠償命令による以外にその責任を追及されることがないことまでをも保障した趣旨のものではなく（最高裁昭和六一年二月二七日判決・民集四〇巻一号八八頁）、当然に民事訴訟によることを許す趣旨のものと解される」とする。

(3) 広岡隆・四版行政法総論一三六頁。

(4) 最判昭和三〇年一二月二六日民集九巻一四号二〇七〇頁。

(5) 塩野宏・行政法Ⅰ［第二版］一一七頁。

(6) 塩野・前掲書一一七頁。

(7) 最判昭和五九年一一月二九日民集三八巻一一号一一九五頁。

(8) 最判昭和四一年二月二三日民集二〇巻二号三二〇頁。

(9) 判旨は、いわゆる「バイパス理論」（塩野発言・ジュリスト増刊・行政強制［昭和五二年一月］一九頁）として、学説の一般的な支持を受けている。なお、畠山武道・行政判例百選〈第四版〉二四〇頁参照。

(10) 最判昭和三八年四月二日民集一七巻三号四三五頁。

(11) 見上崇洋・行政判例百選〈第四版〉二一四頁参照。

(12) 東京地判昭和三九年三月二六日下民集一五巻三号六三九頁。

(13) 東京地裁判決・前出注（12）は、行政上の強制徴収に認められる排他性の効果を訴えの利益の面から説明しているが、排他性の限界なり例外を示す好例である。

(14) 岡山地判昭和四一年五月一九日行集一七巻五号五四九頁。

(15) 最判昭和三九年一〇月二二日民集一八巻八号一七六二頁。碓井光明「更正の請求についての若干の考察」ジュリスト六七七号六四頁参照。

(16) 名古屋高判昭和四八年八月二九日訟務月報二〇巻三号六九頁が、これを踏襲する。
(17) 最判昭和四六年一二月一七日民集二五巻九号一五八八頁。
(18) 千葉地判昭和五八年二月一八日行裁例集三四巻二号二四六頁。
(19) 東京高判昭和五八年八月三〇日行裁例集三四巻八号一五四〇頁。長の賠償命令手続に排他性を認めた裁判例としては、この東京高裁判決が恐らく初めてのものであったので、学説および実務に大きな波紋を生ぜしめ、「まことに意表をつくもの」(原田尚彦「宴会行政と住民訴訟」法学セミナー三七八号二一頁)と受け止められた。なお、学説で先行したものとして、園部逸夫「住民訴訟について」司法研修所論集六八号一九頁がある。
(20) 最高裁判決・前出注(1)。本判決に関しては、小早川光郎・判例評論三三五号一四頁以下に詳しい論評がある。さらに、阿部泰隆・法学セミナー三七八号、石川義則・ジュリスト八六一号、園部逸夫・八六一号、原野翹・別冊ジュリストの各論評がある。控訴審の東京高裁判決については、金子芳雄・判時一一〇五号、佐藤英善・ジュリスト八一五号、村田哲夫・判例地方自治三号があり、同判決を主題とする論説として、阿部泰隆「住民訴訟における職員の賠償責任」判例タイムズ五六一・五六二号および都築弘「地方公共団体の長の賠償責任と住民訴訟」判時一一一三号がある。

(関西学院大学　法と政治　第五二巻一二号　二〇〇一年)

第二章

怠る事実に係る住民監査請求の期間

一　最高裁平成一四年一〇月三日判決

地方公共団体の住民は、長などの職員の財務会計上の「行為」または「怠る事実」の不当性、違法性を指摘して、当該行為の事前の防止の措置、損害補填の措置等を求めて監査委員に対して住民監査請求をすることができる（地方自治法二四二条）。もっとも、住民監査請求をするには、「当該行為のあった日又は終わった日から一年」という制限があって（同法二四二条二項本文）、「正当な理由」なくしてこの期間を経過することは許されない（同ただし書）。財務会計上の怠る事実にかかる監査請求にも、右監査請求期間の制限が及ぶかについて、かつて最高裁判所は三様の判決を示していたのであるが、財務会計上の行為の準備行為・補助行為が違法であることに基づいて、発生する損害賠償請求権の行使を怠る事実にかかる住民監査請求について、右制限規定を適用した平成一四年一〇月三日の最高裁判決を俎上に挙げて、怠る事実にかかる住民監査請求の期間について、整理することにする。

最高裁平成一四年一〇月三日判決の判決要旨、事実、上告理由および判決理由を示せば、次のとおりである(1)。

【判決要旨】一　財務会計職員が行った財務会計上の行為の準備行為が違法であることに基づいて発生する当該職員に対する損害賠償請求権の行使を怠る事実を対象としてされた住民監査請求については、上記違法が財務会計上の行為の違法を構成する関係にある場合には、財務会計上の行為のあった日又は終わった日を基準として地方自治法二四二条二項の規定が適用される。

二　財務会計職員の補助職員が行った財務会計上の行為の補助行為が違法であることに基づいて発生する当該補助職員に対する損害賠償請求権の行使を怠る事実を対象としてされた住民監査請求については、上記違法が財務会計上の行為の違法を構成する関係にある場合には、財務会計上の行為のあった日又は終わった日を基準として地方自治法二四二条二項の規定が適用される。

【事実】愛知県は、工事請負業社九社からなる共同企業体（以下被上告会社九社）との間で、愛知芸術文化センターの建設工事（以下本件工事）の請負契約を締結していたが、平成三年七月九日、工事内容の一部変更、追加工事代金二九億円余の支払等を内容とする契約（以下本件変更契約）を締結し、追加工事代金を平成四年三月三一日までに全額支払った。しかし、平成六年五月以降、本件変更契約は、県の担当職員が被上告会社九社から赤字補填の要請を受け、工事単価を水増しするなどして二九億円余を不当に追加支給したものである、という疑惑が新聞等により報道されるところとなり、平成六年一〇月五日、愛知県住民であるXら（原告、控訴人、上告人）が、地方自治法（平成一四年改正前のもの、以下法）二四二条に基づき、本件変更契約が違法、無効であるとして、県の被った損害の補填等を求めて住民監査請求（以下本件監査請求）を行ったところ、法二四二条二項（以下本件規定ということがある）に定める一年の監査請求期間を経過しており、その点について同項ただし書にいう正当な理由がないとして却下された。Xらは、県に代位して、法二四二条の二第一項四号前段および後段に基づいて、被上告会社九社、県知事、副知事、某県会議員、本件変更契約締結時の建築部長、前任の建築部長、建築部幹部職員三名および総務部次長に対して損害賠償を請求する住民訴訟を提起した。

第一審・名古屋地判平成七年一〇月二七日判タ九〇九号一四四頁は、本件監査請求中「怠る事実に係る相手方」に対する損害賠償請求については、本件変更契約が違法であることにより、かかる損害賠償請求権が発生するものであるとして、本件規定を適用し、本件監査請求は、この部分を含めて、監査請求をした時点で一年の監査請求期間を経過していると判断し、さらに本件規定ただし書にいう監査請求期間経過の正当理由については、住民が相当な注意力をもって調査したときに客観的にみて合理的疑いをもつことができた平成六年六月一六日から三か月以内に監査請求すべきであったとして、これを認めず、Xらの訴えは適法な監査請求を経たものではないとして却下した。

第二審・名古屋高判平成八年一〇月三〇日判タ九四四号一二六頁は、第一審を支持し、控訴を棄却した。

【上告理由】　一　「怠る事実」に対する監査請求について、原判決は、被上告会社九社に対する損害賠償請求権は、本件変更契約の違法、無効に係るか又はそれを前提として発生するものであり、本件変更契約のもとになった見積書の内容が虚偽であり、かつ、その作成に関与したのが被上告会社九社だけであって、県の職員はそれに関与しなかったという場合も同様であるとする。しかし、県は、本件変更契約が無効であることを前提としなくても、契約の相手方である被上告会社九社の違法行為によって損害を被った以上、被上告会社九社に不法行為に基づいて損害賠償請求をすることができる。その場合に県が右請求権の行使を怠ることは、財務会計行為の違法、無効に係わったり、またはそれを前提としたりするものではないから、まさに真正怠る事実を構成する。そうであれば、監査請求を行うについて期間制限はないことになり、上告人らの本件監査請求は適法になされたことになる。

二　本件規定ただし書に規定する「正当な理由」の有無について、原判決は、住民が相当の注意力をもって調査したときに客観的にみて合理的疑いをもつことができたときから、相当期間内に監査請求をしたかどうかによって判断されるべきであるという。しかし、平均的住民がその行為の存在および違法性を疑わせる事実を知り、これを前提として、住民監査請求・住民訴訟の手段を講じる必要性を認識しうる状況にあり、かつ、それらの事実を証明するための資料を入手することができるようになったときから、相当期間内に監査請求したかどうかによって判断されるべきである。

【判決理由】　一　「特定の財務会計上の行為が財務会計法規に違反して違法であるか又はこれが違法であって無効であるからこそ発生する実体法上の請求権の行使を怠る事実を対象として監査請求がされた場合には、これについて上記の期間制限が及ばないとすれば、本件規定の趣旨を没却することになる。したがって、このような場合には、当該行為のあった日又は終わった日を基準として本件規定を適用すべきものである」。

しかし、「怠る事実については監査請求期間の制限がないのが原則であることにかんがみれば、監査委員が怠る事実の監査をするに当たり、当該行為が財務会計法規に違反して違法であるか否かの判断をしなければならない関係にない場合には、当該怠る事実を対象としてされた監査請求に上記の期間制限が及ばないものとすべきであり、そのように解しても、本件規定の趣旨を没却することにはならない（最高裁平成一〇年（行ヒ）第五一号同一四年七月二日第三小法廷判決・裁判所時報一三一八号一頁参照）」。

記録によれば、本件監査請求は、「被上告会社九社が、県に対し、本件工事に関し不当に水増し請求をするなどし、県に本来支払う義務のない工事代金二九億円余を余分に支払わせたとし、県は、被上告会社九社に対しこの不法行為により受けた損害である上記金員相当額を賠償させるべきであるのに、当該請求権の行使を怠っているという事実を対象に含んでいることが明らかである。本件監査請求中上記怠る事実について監査を遂げるためには、監査委員は、被上告会社九社について上記行為が認められ、それが不法行為法上違法の評価を受けるものであるかどうか、これにより県に損害が発生したといえるかどうかなどを確定しさえすれば足りる。本件監査請求には、財務会計職員その他の職員が被上告会社九社の要請を受けて本件変更契約の締結その他これにかかわる行為を行ったなどとする部分が含まれているが、このことによって上述したことは左右されない。県の被上告会社九社に対する損害賠償請求権は、本件変更契約が違法、無効であるからこそ発生するものではない。したがって、上記監査請求について本件規定の適用がないものと認めても、本件規定の趣旨が没却されるものではなく、監査請求期間の制限が及ばないものと解するのが相当である」。

そうすると、本件監査請求中、被上告会社九社に対する損害賠償請求権の行使を怠る事実を対象とする部分は、監査請求期間を徒過した不適法なものということはできない。これと異なる判断の下に、本件訴えのうち被上告会社九社に対する怠る事実に係る相手方に対するものとしてされた損害賠償請求権に関する部分を不適法として却下すべきものとした原審の判断には、判決に影響を及ぼすことが明らかな法令の違反があり、同部分につき原判決は破棄を免れない。第一審判決中同部分を取り消した上で、同部分につき本件を第一審に差し戻す。

二　職権による検討

本件監査請求中「当該職員」としての副知事および前任建築部長に対する損害賠償請求に関する部分は、本件変更契約につき権限を有する者に当たらず、不適法である。しかし、「怠る事実の相手方」としての副知事および某県会議員に対する損害賠償請求に関する部分は、被上告会社九社に対するものと同様、監査請求期間の制限が及ばず、監査請求期間を徒過した不適法なものということはできず、同部分につき本件を第一審に差し戻す。

本件監査請求中、前任建築部長の本件変更契約の準備行為の違法を理由とする損害賠償請求権の行使を怠る事実を対象とする部分については、「特定の財務会計上の行為が行われた場合において、これにつき権限を有する職員又はその前任者が行ったその準備行為は、財務会計上の行為と一体としてとらえられるべきものであり、準備行為の違法が財務会計上の行為の違法を構築する関係にあるときは、準備行為が違法であるとし、これに基づいて発生する損害賠償請求権の行使を怠る事実を対象としてされた監査請求は、実質的には財務会計上の行為を違法と主張してその是正を求める趣旨のものにほかならないと解される。したがって、上記のような監査請求が本件規定の定める監査請求期間の制限を受けないとすれば、法が本件規定により監査請求に期間制限を設けた趣旨が没却されるといわざるを得ないから、上記監査請求には当該財務会計上の行為のあった日又は終わった日を基準として本件規定を適用すべきである」。原審の判断は、是認することができる。

建築部幹部職員三名については、県建築部長を補助する職員と認められるところ、「特定の財務会計上の行為が行われた場合において、これにつき権限を有する職員を補助する職員が行ったその補助行為は、財務会計上の行為と一体としてとらえられるべきものであり、補助行為の違法が財務会計上の行為の違法を構成する関係にあるときは、補助行為が違法であるとし、これに基づいて発生する損害賠償請求権の行使を怠る事実を対象としてされた監査請求は、実質的には財務会計上の行為を違法と主張してその是正を求める趣旨のものにほかならないと解される。したがって、上記のような監査請求が本件規定の定める監査請求期間の制限を受けないとすれば、法が本件規定により監査請求に期間制限を設けた趣旨が没却されるといわざるを得ないから、上記監査請求には当該財務会計上の行為のあった日または終わった日を基準として本件規定を適用すべきである」。原審の判断は、是認することができる。

これに対し、総務部次長は、職制上、県建築部長を補助する職員ではなく、その行為が本件変更益約締結に関する事務を補助する行為に当たると認めるべき特段の事情も未だ確定されていないから、本件監査請求中、総務部次長の行為の違法を理由とする損害賠償請求権の行使を怠る事実を対象とする部分については、本件規定は直ちには適用されない。監査請求期間を徒過した不適法なものということはできず、同部分につき本件を第一審に差し戻す。

三　知事、建築部長、前建築部長および建築部幹部職員三名について、「本件監査請求の時点において本件規定の定める監査請求期間が経過していたことになるとした原審の判断は、正当として是認することができる」。「住民が相当の注意力をもって調査を尽くしても客観的にみて監査請求をするに足りる程度に当該行為の存在又は内容を知ることができなかった場合には、法二四二条二項ただし書にいう正当な理由の有無は、特段の事情のない限り、普通地方公共団体の住民が相当の注意力をもって調査すれば客観的にみて上記の程度に当該行為の存在及び内容を知ることができたと解されるときから相当な期間内に監査請求をしたかどうかによって判断すべきものである（最高裁平成一〇年（行ツ）第六九号、第七〇号同一四年九月一二日第一小法廷判決・裁判所時報一三二三号四頁参照）」。これと同旨の見解に基づき本件監査請求につき法二四二条二項ただし書にいう正当な理由がないとした原審の認定判断は、是認することができる。

裁判官全員一致の意見で一部破棄差し戻し、一部棄却（藤井正雄、井嶋一友、町田　顯、横尾和子）。

二　怠る事実に係る住民監査請求の期間

地方公共団体の住民は、長などの職員の財務会計上の行為または怠る事実の不当性、違法性を指摘して、当該行為の事前の防止の措置、損害補填の措置等を求めて監査委員に対して住民監査請求をすることができる（法二四二条）。監査の結果、請求に理由があると認められるときは、監査委員は議会、長等に必要な措置を講ずべきことを勧告するが、監査の結果や勧告に対する措置等に不服がある場合には、住民は、さらに、住民訴訟によって法所定の請求をすることができる（法二四二条の二第一項）。四号請求であれば、当該職員に対する損害賠償等の請求または当該行為もしくは怠る事実にかかる相手方に対する損害賠償等の請求である（同項四号）。

住民訴訟の提起に当たっては、住民監査請求前置主義が採用されているので（法二四二条の二第一項）、住民監査請求を適法に経る必要があるが、住民監査請求には「当該行為のあった日又は終わった日から一年」という監査請求期間の制限があり（法二四二条二項本文）、「正当な理由」なくしてこの期間を経過することは許されない（同ただし書）。

冒頭に掲げた最高裁平成一四年一〇月三日判決の事案では、住民監査請求が、財務会計上の行為である本件変更契約が締結されてから一年の期間経過後にされたものであったために、正当な理由があるかどうか（上告理由第二はあるという）、また、本件監査請求には、本件変更契約が違法、無効であるとする内容のほかに、不法行為に基づく損害賠償請求権の行使を怠っているという内容も含まれているために、そもそも監査請求の期間を制限する本件規定の適用があるかどうか（上告理由第一はないという）が問題とされた。

周知のように、住民監査請求の監査対象は、財務会計上の行為と怠る事実である。

怠る事実を対象とする住民監査請求には、法二四二条二項の定める監査請求期間の制限はなく、怠る事実が存在する限りはこれを制限しないというのが従前よりの支配的見解であり(2)、最高裁昭和五三年六月二三日判決（判時八九七号五四頁、以下昭和五三年判決という）もこの原則を支持する。

ところで、怠る事実には、財務会計上の行為を前提とするものとそれを前提としないものとの二つがある。財務会計上の行為を前提としない怠る事実の場合には、たとえば市庁舎の窓ガラスを破損した者に修理費を請求しないといった怠る事実を対象とする住民監査請求には、昭和五三年判決に徴して、当然ながら監査請求期間の制限はない。一方、財務会計上の行為を前提とする怠る事実の場合には、たとえば市長が市有地を知人に廉価で売却したために市が損害を被ったケースのように、財務会計上の行為によって実体法上の請求権が発生し、その請求を怠っている場合には、住民監査請求の対象として何を採りあげるかは、基本的には請求する住民の選択に係るものであるから、市有地の売却という財務会計上の行為を対象とする住民監査請求に替えて、市が損害賠償の請求をしないという怠る事実を対象とする住民監査請求が許されないわけではない。しかし、監査請求期間を徒過した監査請求人において、もっぱら監査請求期間の縛りを免れるために、抜道的手法として、住民監査請求の対象を財務会計上の行為から怠る事実へと構成するなら、それは法二四二条二項の趣旨を没却するものであって、通常人の正義感と相容れるものではない。

最高裁昭和六二年二月二〇日判決（判時一二二八号六六頁、以下昭和六二年判決という）は、これを憂慮してか、住民監査請求が「特定の財務会計上の行為を違法であるとし、当該行為が違法、無効であることに基づいて発生する実体法上の請求権の不行使をもって財産の管理を怠る事実としているものであるときは、当該監査請求については、右怠る事実に係る請求権の発生原因たる当該行為のあった日又は終わった日を基準として同条二項の規定を適用すべきものと解するのが相当である」と判示した。けだし、「監査請求の対象を当該行為が違法、無効であることに基づいて発生する実体法上の請求権の不行使という怠る事実として構成することにより同項の定める監査請求期間の制限を受けずに当該行為の違法是正等の措置を請求し得るものとすれば、法が同項の規定により監査請求に期間制限を設けた趣旨が没却されるものといわざるを得ないからである」という。

ここに、財務会計上の行為が違法、無効であることに基づいて発生する実体法上の請求権の行使を怠る事実を対象とする住民監査請求については、原則として監査請求期間の制限が及ぶこととなり、監査請求期間を徒過した住民による抜道的手法は封じられることとなった。ところが、昭和六二年判決の趣旨が監査請求人側による抜道的手法の封印にあることを軽視したかと思われる最高裁調査官解説のミスリードによって、住民監査請求の網にほころびが生じた。

それというのも、指名業者らの談合の結果締結された工事請負契約に基づいて工事費が支払われたケースのように、不法行為と財務会計上の行為とが複合した事案において、不法行為に基づく損害賠償請求権の行使を怠る事実を対象とする住民監査請求に法二四二条二項の期間制限が及ぶと判断する下級審判例が現れて[3]、結果的に、不法行為者を取り逃がすことになったからである。

その法理を整理すれば、「①談合は地方公共団体に対する不法行為であるが、それだけでは損害は発生せず、談合による請負契約締結と工事費の支出によって、損害が顕在化する。②ここでは請負契約という財務会計行為の違法が前提とされている。財務会計行為の違法は客観的な違法と解すべきである。③談合業者らに対する損害賠償請求権の行使を怠る事実の違法を主張する監査請求は、財務会計上の行為が違法、無効であることに基づき発生する実体法上の請求権の行使を怠る事実に係るものであるから、期間制限規定が適用されるべきである」ということになる(4)。

この論理の展開に説得力がないかというとそうではない。指名業者らの談合だけでは損害が発生しないのは紛れもない事実であり、また、財務会計上の行為が違法となるのは、財務会計法規に違反する場合に限定されないことは、学説・判例が夙に認めているところである(5)。さらに、財務会計上の行為が違法、無効であることに基づき発生する実体法上の請求権の行使を怠る事実を対象とする住民監査請求に期間制限規定が適用されることは、昭和六二年判決の判示するところであり、これを解説した石川調査官が「不真性怠る事実」を「違法な財務会計上の積極的行為に基づき発生した請求権についてその管理を怠る事実」と定義して、これがあるとする場合には、「右積極的行為、すなわち当該行為が右怠る事実の前提として存在するのであるから、右行為を基準として同項の期間制限を適用することになんらの支障もないと考えられる」と説明しているからである(6)。

しかし、これを支持できるかというと話は別である。問題は、昭和六二年判決の石川調査官解説が「不真性怠る事実」を期間制限規定に直に結びつけたところにある。身近な例で示せば、「喫煙者は悪いお人。けだし、副流煙で他人の健康を害するから」という批判は、人前で煙草を吸わない者には当てはまらない。昭和六二年判決の上記判示も同様であって、けだし以降の部分とリンクしてこれを理解する必要がある。石川調査官解説にいう「不真性怠る事実」がある場合には、当然に期間制限が及ぶというのではなくて、法二四二条二項を適用しないことが期間制限を定めた法の趣旨を没却することになる場合に、限定されているのである。昭和六二年判決の法理は、射程といっても構わないが、怠る事実を対象とする住民監査請求に法二四二条二項を適用しないことが住民監査請求に期間制限を設けた法の趣旨を没却する結果となる場合には、怠る事実を対象とする住民監査請求であってもこれに期間制限規定が及ぶ、ということにある。

昭和六二年判決の右の意味における法理からは、怠る事実を対象とする住民監査請求において、監査委員の審査範囲として財務会計上の行為の財務会計法規の違法性判断が求められる場合には、本来当該行為に対する住民監査請求がされるべきであり、期間制限規定が及ぶと解さざるをえないが、そうでない場合には、期間制限規定は及ばないという結論に達するのは、さほど困難でない。談合事案において、最高裁平成一四年七月二日判決（判時一七九七号三頁、以下平成一四年判決という）が、「監査委員が怠る事実の監査を遂げるためには、特定の財務会計上の行為の存否、内容等について検討しなければならないとしても、当該行為が財務会計法規に違反して違法であるか否かの判断をしなければならない関係にはない場合には、……当該怠る事実を対象としてされた監査請求は、本件規定の趣旨を没却するものといえず、本件規定を適用すべきものでない」と判示したのは、当然のことである[7]。平成一四年判決は昭和「六二年判決の法理が適用されないとしたものである」と評されることがあるが[8]、これを両判決の整合性を否定する意味で理解するならば、それは正確でない。昭和六二年判決の法理を適用した結果、当該事案においては期間制限規定が適用されないと判断したのが平成一四年判決である。

怠る事実を対象とする住民監査請求と監査請求期間の制限を定めた法二四二条二項に関して、最高裁判所の話題を集めた判決をもう一度確認する意味で整理すれば、怠る事実を対象とする住民監査請求には原則として監査請求期間の制限は及ばないというのが昭和五三年判決であり、法二四二条二項を適用しないことが住民監査請求に期間制限を設けた法の趣旨を没却する結果となる場合には、怠る事実を対象とする住民監査請求であっても期間制限規定が及ぶとしたのが昭和六二年判決であり、上記法の趣旨を没却する結果となる場合には当たらないケースを記述したのが平成一四年判決であるということができる。

三　平成一四年一〇月三日最高裁判決に対する批評

本判決批評の視座を二で述べた基本的認識に求めれば、本件監査請求中、被上告会社九社に対して財産の管理を怠る事実を対象とする部分については、県の被上告会社九社に対する不法行為に基づく損害賠償請求権は、本件変更契約が財務会計法規に違反して違法であるかまたはこれが違法であって無効であるからこそ発生するものではなくて、監査委員が怠る事実の監査をするに当たり、当該行為が財務会計法規に違反して違法であるか否かの判断をしなければならない関係にないから、平成一四年判決例示のケースに該当し、昭和六二年判決の射程にないからして、昭和五三年判決の原則通りに、監査請求期間の制限を受けない。法二四二条二項の適用を否定した本判決は、妥当であると評することができる(9)。

被上告会社九社の不法行為の場合と異なり、特定の財務会計上の行為が行われた場合において、財務会計職員・補助職員が財務会計上の行為の準備行為・補助行為として行った行為は、財務会計上の行為と一体として捉えられるべきものであり、準備行為・補助行為の違法が財務会計上の行為の違法を構成する関係にあるときは、準備行為・補助行為が違法であるとし、これに基づいて発生する損害賠償請求権の行使を怠る事実を対象としてされた監査請求は、実質的には財務会計上の行為の違法を主張してその是正を求める趣旨のものにほかならないと解される。すなわち、昭和六二年判決の射程にあるわけで、監査請求期間の制限を受けるものである。したがって、前任の建築部長・建築部幹部職員三名による単価の水増し等の操作による違法な設計変更予算案の作成等の行為は、本件変更契約締結の準備行為・補助行為に当たるものであり、本件監査請求中、右の準備行為・補助行為に基づいて発生する請求権の行使を怠る事実を対象とする部分については、昭和六二年判決の法理の支配するところであり、判決要旨の一と二は、当然の論理的帰結を宣明したものと評することができる。

なお、総務部次長は職制上建築部長の補助職員でなく、その行為が補助する行為に当たると認めるべき特段の事情が確定されていないとして、本判決は被上告会社九社と同様に処理したが、特段の事情次第では、昭和六二年判決の法理が適用される可能性は否定できない。

本判決は、上告理由二につき、知事、建築部長、前建築部長および建築部幹部職員三名に対する本件監査請求については、監査請求期間を経過しているとする原審の判断を是認し、法二四二条二項ただし書にいう監査請求期間経過の「正当な理由」の有無についても、上告人らの主張を退け、最判平成一四年九月一二日裁時一三二三号四頁が示した判断基準を引用して、(10)特段の事情のない限り、住民が相当の注意力をもって調査すれば客観的にみて監査請求をするに足りる程度に当該行為の存在および内容を知ることができたと解される時から相当な期間内に監査請求をしたかどうかによって判断すべきであるとして、原審の判断を是認した。

相当な期間については、本件第一審は三か月としているが、右最高裁平成一四年九月一二日判決は、六六日を相当な期間としつつ、八四日では相当な期間を経過していると判断し、最判平成一四年一〇月一五日裁時一三二五号七頁は、(11)六四日間経過後の監査請求を相当な期間内にされたものとはいえないとする。相当な期間という不確定概念を一義的に決することはできないから、行政不服審査法一四条の定める審査請求期間が六〇日以内であることにかんがみて、おおむね二か月を目安として、事案によって一〇日ぐらいの偏差が生じるのは、それは仕方がないことである。

【注】

（1）最判平成一四年一〇月三日民集五六巻八号一六一一頁。

（2）成田頼明「住民訴訟」田中二郎ほか編『行政法講座　第三巻』二一〇頁参照。

（3）東京地判平成一一年一月二八日判時一六九三号三九頁等。

（4）曽和俊文・平成一四年七月二日最判批評・民商法雑誌一二八巻三号四〇頁の整理による。

（5）三好達「住民訴訟の諸問題」『新・実務民事訴訟講座9』三一〇頁には、「財務会計上の行為の違法性の有無は、財務関係を規律する行政法規違反だけに限定されるわけではなく、請求の態様に応じて、背任、横領、詐欺その他の不法行為、無権代理、公序良俗違反、信義則違反なども違法とされる」とあり、最判昭和六〇年九月一二日判時一一七一号六二頁は、「財務会計上の行為が違法となるのは、単にそれ自体が直接法令に違反する場合だけではなく、その原因となる行為が法令に違反し許されない場合の財務会計上の行為もまた、違法になる」と判示している。

（6）石川調査官解説は、昭和六二年判決を評して、「法二四二条二項にいう『前項の規定による請求』には、同条一項所定の当該行為にかかる請求及び怠る事実にかかる請求の両者が含まれると解されるところ、当該行為の違法を前提としない怠る事実の違法（以下これを「真性怠る事実」という。）については、その請求中に財務会計上の積極的行為の違法、不当を観念し得ないから、同条二項にいう『当該行為のあった日又は終わった日』が考えられず、その結果同項の期間制限を適用する余地はないが、違法な財務会計上の積極的行為に基づき発生した請求権についてその管理を怠る事実（以下これを「不真性怠る事実」という。）があるとする場合には、右積極的行為、すなわち当該行為が右怠る事実の前提として存在するのであるから、右行為を基準として同項の期間制限を適用することになんらの支障もないと考えられる」と説明する（石川義則・昭和六二年判解民八三頁）。

（7）最高裁平成一四年七月二日第三小法廷判決の判例評釈としては、前掲曽和のほか、阿部泰隆・判時一八二八号一七二頁、大橋寛明「最高裁平成一四年七月二日第三小法廷判決」ジュリスト一二四一号八七頁、中原茂樹「怠る事実に係る監査請求と監査請求期間」平成一四年重要判例解説（ジュリスト一二四六号）四四頁等がある。

（8）大橋・前掲注（7）八九頁。

（9）最高裁平成一四年一〇月三日判決の判例批評には、駒林良則・判時一八三一号一八一頁、寺田友子・法学教室二七一号一二二頁がある。

（10）最高裁平成一四年九月一二日判決の判例批評には、人見剛・民商法雑誌一二八巻四＝五号二〇〇頁、小林博志・判時一八三一号一七五頁がある。

（11）最高裁平成一四年一〇月一五日判決の判例批評には、石井昇・法学教室二七一号一二四頁がある。

（民商法雑誌一三〇巻二号二〇〇四年）

判例一覧表

〔最高裁判所〕

最判 昭 25.9.15 民集 4 巻 9 号 404 頁 ……………………………… 62, 97
最判 昭 26.12.21 民集 5 巻 13 号 796 頁 ……………………………… 59
最判 昭 30.2.24 民集 9 巻 2 号 217 頁 ……………………………… 150
最判 昭 30.12.26 民集 9 巻 14 号 2070 頁 ……………………………… 177
最判 昭 36.3.7 民集 15 巻 3 号 381 頁 ……………………………… 120
最判 昭 38.4.2 民集 17 巻 3 号 435 頁 ……………………………… 183
最判 昭 39.10.22 民集 18 巻 8 号 1762 頁 ……………………………… 186
最判 昭 41.2.23 民集 20 巻 2 号 320 頁 ……………………………… 134, 180
最判 昭 46.12.17 民集 25 巻 9 号 1588 頁 ……………………………… 188
最判 昭 48.4.26 民集 27 巻 3 号 629 頁 ……………………………… 112
最判 昭 48.10.2 シュトイエル 141 号 32 頁 ……………………………… 121
最判 昭 49.3.8 民集 28 巻 20 号 186 頁 ……………………………… 82
最判 昭 50.8.27 民集 29 巻 7 号 1226 頁 ……………………………… 59, 72
最判 昭 50.9.10 刑集 29 巻 8 号 489 頁 ……………………………… 148
最判 昭 53.6.23 判時 897 号 54 頁 ……………………………… 207
最判 昭 55.7.15 判時 982 号 11 頁 ……………………………… 139
最判 昭 59.11.29 民集 38 巻 11 号 1195 頁 ……………………………… 178
最判 昭 60.6.6 判自 19 号 60 頁 ……………………………… 149
最判 昭 60.9.12 判時 1171 号 62 頁 ……………………………… 209
最判 昭 61.2.27 民集 40 巻 1 号 88 頁 ……………………………… 175
最判 昭 62.2.20 判時 1228 号 66 頁 ……………………………… 207
最判 平元.7.4 判時 1336 号 86 頁 ……………………………… 152
最判 平 14.7.2 判時 1797 号 3 頁 ……………………………… 210
最判 平 14.7.9 判時 1798 号 78 頁 ……………………………… 142, 144
最判 平 14.9.12 裁時 1323 号 4 頁 ……………………………… 212
最判 平 14.10.3 民集 56 巻 8 号 1611 頁 ……………………………… 199
最判 平 14.10.15 裁時 1325 号 7 頁 ……………………………… 212

〔高等裁判所〕

大阪高決 昭 30.12.21 行裁例集 6 巻 12 号 2936 頁 ……………………………… 89, 90
大阪高判 昭 39.1.20 行裁例集 15 巻 1 号 1 頁 ……………………………… 76
大阪高決 昭 40.10.5 行裁例集 16 巻 10 号 1758 頁 ……………………………… 132
大阪高判 昭 42.6.6 行裁例集 18 巻 5・6 号 63 頁 711 頁 ……………………………… 76

東京高判 昭48.7.13 行裁例集24巻6・7号533頁 …………………………… 91
名古屋高判 昭48.8.29 訟務月報20巻3号69頁 ………………………… 188, 198
福岡高判 昭58.3.7 判時1083号58頁 ……………………………………… 148
東京高判 昭58.8.30 行裁例集34巻8号1540頁 ………………………… 191, 192
大阪高決 昭60.11.25 判時1189号39頁 …………………………… 125, 154, 157
福岡高判 平6.10.27 訴務月報42巻9号2127頁 ………………………………… 109
大阪高判 平10.6.2 判時1668号37頁 ………………………………………… 143

〔地方裁判所〕
徳島地判 昭23.11.18 行裁月報8号137頁 ……………………………………… 8
鹿児島地判 昭23.11.30 行裁月報12号45頁 ………………………………… 8
旭川地判 昭24.3.5 行裁月報17号53頁 ……………………………………… 6, 8
青森地判 昭24.3.22 行裁月報19号30頁 ……………………………………… 8
盛岡地判 昭24.7.12 行裁月報22号186頁 ……………………………………… 12
金沢地判 昭25.1.23 行裁例集1巻10号37頁 ………………………………… 12
東京地判 昭25.11.15 行裁例集1巻10号138頁 ……………………………… 13
大阪地判 昭26.7.7 行裁例集2巻9号17頁 …………………………………… 13
東京地判 昭28.9.9 行裁例集4巻9号2171頁 ………………………………… 38
東京地判 昭30.5.26 行裁例集6巻69頁 ……………………………………… 8
横浜地判 昭30.9.23 行裁例集6巻9号139頁 ………………………………… 8
京都地判 昭31.5.23 行裁例集7巻5号1132頁 ………………………… 58, 91
大阪地判 昭33.8.20 行裁例集9巻8号100頁 ………………………………… 17
東京地判 昭36.8.24 行裁例集12巻8号25頁 ………………………… 9, 17
東京地判 昭37.2.29 行裁例集13巻11号227頁 ……………………………… 6
東京地判 昭37.11.29 行裁例集13巻11号227頁 ……………………… 10, 11
東京地判 昭37.12.25 行裁例集13巻12号233頁 ……………………… 10, 16
東京地判 昭38.7.29 行裁例集14巻7号70頁 ………………………… 6, 10
東京地判 昭39.3.26 下民集15巻3号639頁 ………………………… 131, 184
東京地判 昭39.5.28 行裁例集15巻5号138頁 ………………………………… 10
東京地判 昭40.4.22 行裁例集16巻4号8頁 …………………………… 10, 22
福岡地判 昭40.1.19 行裁例集16巻1号1頁 ………………………………… 22
岡山地判 昭41.5.19 行裁例集17巻5号549頁 ………………………… 132, 185
東京地判 昭42.2.7 行裁例集18巻1・2号63頁 ………………………… 10, 22
熊本地判 昭43.11.14 行裁例集19巻11号1727頁 ……………………… 59, 89

宇都宮地判 昭 44.4.9 行裁例集 20 巻 4 号 373 頁 ……………………………… 89, 91
岐阜地判 昭 44.11.27 判時 600 号 100 頁 ………………………… 129, 136, 153, 157
広島地裁呉支部判 昭 45.4.27 判時 608 号 158 頁 ………………………………… 133
神戸地判 昭 46.11.26 訟務月報 18 巻 5 号 773 頁 …………………………… 57, 73
東京地判 昭 52.10.27 税務訴訟資料 96 号 136 頁……………………………………… 59
長崎地判 昭 55.9.19 判時 978 号 24 頁………………………………………………… 148
千葉地判 昭 58.2.18 行裁例集 34 巻 2 号 246 頁 ………………………………… 191
京都地判 昭和 58.4.11 建設省道路局編・道路法関係例規集・5761・143 …… 140
東京高判 昭 58.8.30 行裁例集 34 巻 8 号 1540 頁…………………………… 191, 192
金沢地判 昭 61.12.12 判例自治 29 号 65 頁 ……………………………………………… 89
千葉地判 昭 63.6.6 判時 1293 号 51 頁 …………………………………………… 84, 99
東京地判 昭 63.6.28 判時 1283 号 59 頁 ……………………………………… 84, 102
浦和地判 昭 63.12.12 判時 1314 号 50 頁 ………………………………………… 151
横浜地決 平元.12.8 判例タイムズ 717 号 220 頁 ………………………………… 155
前橋地判 平 2.9.27 判時 1378 号 64 頁 …………………………………………… 149
名古屋地判 平 2.10.31 判時 1381 号 37 頁 …………………………………… 86, 102
和歌山地判 平 3.6.5 判時 1417 号 53 頁 ………………………………………… 197
神戸地裁伊丹支部決 平 6.6.9 判例自治 128 号 68 頁……………………… 143, 155
盛岡地決 平 9.1.24 判時 1638 号 141 頁…………………………………………… 155
神戸地判 平 9.4.28 判時 1613 号 36 頁 …………………………………………… 143
東京地判 平 11.1.28 判時 1693 号 39 頁 …………………………………………… 208
神戸地判 平 12.10.31 判例自治 213 号 91 頁……………………………………… 150

〔行政裁判所〕

行政裁判所判 明 38.2.10 美濃部達吉・評釈公法判例体系上巻 631 頁 …………… 86
行政裁判所判 大 13.2.28 美濃部・前掲書 631 頁 ……………………………………… 86
行政裁判所判 昭 2.4.9 美濃部・前掲書 628 頁 ………………………………………… 37
行政裁判所判 昭 19.7.8 行録 55 巻 110 頁………………………………………………… 88

■著者紹介

岡田　春男（おかだ　はるお）

大阪学院大学法学部准教授

著書

『基礎からステップ行政法』実務教育出版、2006

行政法理の研究

2008年11月17日　初版第1刷発行

■著　　者——岡田春男
■発 行 者——佐藤　守
■発 行 所——株式会社　大学教育出版
〒700-0953　岡山市西市855-4
電話(086)244-1268㈹　FAX(086)246-0294
■印刷製本——モリモト印刷㈱
■装　　丁——ティーボーンデザイン事務所

ISBN978 - 4 - 88730 - 868 - 8